Stilkes Rechtsbibliothek Nr. 165
Die Gesetze des Deutschen Reichs mit systematischen Erläuterungen

Die landwirtschaftlichen Grundstücksverkehrsgesetze

Grundstücksverkehrsbekanntmachung vom 26. I. 1937 mit Nebengesetzen

von

Dr. Rudolf Laïs

Landesabteilungsleiter im Reichsnährstand

1937

Verlag von Georg Stilke in Berlin

Druck von A. Heine G.m.b.H., Gräfenhainichen.

Inhaltsverzeichnis.

Abkürzungen.

AME.	= Amtliche Mitteilungen in Entschuldungssachen.
AV.	= Allgemeine Verfügung.
Art.	= Artikel.
BGB.	= Bürgerliches Gesetzbuch.
DJ.	= Deutsche Justiz.
DR.	= Deutsches Recht.
EGBGB.	= Einführungsgesetz zum Bürgerlichen Gesetzbuch.
GBO.	= Grundbuchordnung.
GVB.	= Grundstücksverkehrsbekanntmachung.
JKG.	= Jahrbuch der Entscheidungen des Kammergerichts.
JMBl.	= Justizministerialblatt.
JW.	= Juristische Wochenschrift.
KG.	= Kammergericht.
LwRMBl.	= Reichsministerialblatt der landwirtschaftlichen Verwaltung.
MBliV.	= Ministerialblatt des Reichs- und Preußischen Ministeriums des Innern.
OLG.	= Die Rechtsprechung der Oberlandesgerichte, hrsg. von Mugdan und Falkmann.
OVG.	= Entscheidungen des preuß. Oberverwaltungsgerichts.
RG.	= Entscheidungen des Reichsgerichts in Zivilsachen.
RGBl.	= Reichsgesetzblatt.
RdRN.	= Recht des Reichsnährstandes.
REG.	= Reichserbhofgesetz.
RGRKomm.	= Kommentar der Reichsgerichtsräte.
Richtlinien	= Richtlinien zur Grundstücksverkehrsbekanntmachung.
Staudinger	= Staudinger, Kommentar zum Bürgerlichen Gesetzbuch.
StGB.	= Strafgesetzbuch.
VO.	= Verordnung.
ZPO.	= Zivilprozeßordnung.
ZVG.	= Zwangsversteigerungsgesetz.

Schrifttum.

1. Zur Bundesratsbekanntm. vom 15. 3. 1918.

Holzapfel, Die BundesratsVO. vom 15. 3. 1918; Preuß. Verwaltungsblatt 39, S. 344.

Krause, Die preußischen Siedlungsgesetze, S. 292, Berlin 1922.

Peters, Bundesratsbekanntmachung vom 15. 3. 1918 in von Brauchitsch, Die Preuß. Verwaltungsgesetze Bd. 4, S. 230, Berlin 1926.

Predari, Bemerkungen zur Bundesratsbekanntmachung vom 15. 3. 1918 in Gruchots Beitr. z. deutsch. Recht, Bd. 62, S. 433.

Redlich, Die BundesratsVO. in der gerichtlichen Praxis; Deutsch. Juristen-Zeitung 1918, S. 529.

Riehl, Die Bekanntm. vom 15. 3. 1918, Deutsch. Juristen-Zeitung 1918, S. 276.

Wagemann-Marwitz, Die Bekanntm. vom 15. 3. 1918 in Die Preuß. Pachtschutzordnung, S. 319, Berlin 1928.

2. Zur Grundstücksverkehrsbekanntm. vom 26. 1. 1937.

Ahlbrecht, Wandlungen im Bodenrecht; DR. 1937, S. 54.

Hopp, Die Neuregelung des Verkehrs mit land- und forstwirtschaftlichen Grundstücken nach dem Gesetz vom 26. 1. 1937; Deutsche Notar-Zeitschrift 1937, S. 215.

Frhr. v. Manteuffel, Grundstücksverkehrsbekanntmachung und Neubildung Deutschen Bauerntums in Neues Bauerntum 1937. S. 75.

Frhr. von Manteuffel, Grundstücksverkehrsbekanntm. und weitergehende landesrechtliche Bestimmungen; RdRN. 1937, S. 357.

Pfundtner-Neubert, Das neue Deutsche Reichsrecht; III b 3, 58 mit Anmerkungen von Frhr. von Manteuffel, Nonhoff und Wiedemann.

Rauber, Volk und Boden. Zur weiteren Ordnung des Verkehrs mit landw. Grundstücken nach dem Ges. vom 26. 1. 1937; RdRN. 1937, S. 41.

von Spreckelsen, Die Bekanntm. über den Verkehr mit landwirtschaftlichen oder forstwirtschaftlichen Grundstücken; DJ. 1937, S. 311.

Einleitung.

Die Grundsätze für ein neues deutsches Bodenrecht sind in Teil 3 der parteiamtlichen Kundgebung über die Stellung der NSDAP. zum Landvolk und zur Landwirtschaft vom 6. 3. 1930 enthalten:

„1. Der vom deutschen Volke in Besitz genommene und verteidigte deutsche Boden dient dem Aufenthalt und der Lebensversorgung des Gesamtvolkes. Er muß daher vom einzelnen Bodenbesitzer in diesem Sinne verwaltet werden.

2. Nur deutsche Volksgenossen dürfen Besitzer deutschen Bodens sein.

3. Von deutschen Volksgenossen rechtmäßig erworbener Besitz an Boden wird als erbliches Eigentum anerkannt.

Dieses Eigentumsrecht ist aber an die Verpflichtung geknüpft, den Boden auch zum Wohle des Gesamtvolkes zu nützen.

Die Überwachung dieser Verpflichtung obliegt berufsständischen Gerichten, die sich aus Vertretern aller Berufsgruppen der landwirtschaftlich tätigen Bevölkerung und einem staatlichen Vertreter zusammensetzen.

4. Der deutsche Boden darf keinen Gegenstand für Finanzspekulationen bilden und nicht arbeitslosem Einkommen des Besitzers dienen. Land erwerben kann künftig nur, wer es selbst bewirtschaften will.

Bei jedem Verkauf von Grund und Boden hat daher der Staat das Vorkaufsrecht.

Verpfändung von Grund und Boden an private Geldgeber ist verboten.

Notwendige Betriebskredite zu günstigen Bedingungen erhält die Landwirtschaft durch ihre staatlich anerkannten berufsständischen Genossenschaften oder durch den Staat.

5. Für die Nutzung des deutschen Bodens hat der Besitzer eine nach Umfang und Beschaffenheit des Besitzes bemessene Abgabe an den Staat zu leisten. Durch die Bodenertragssteuer wird eine weitere staatliche Besteuerung des landwirtschaftlichen Bodens und Betriebes hinfällig.

6. Bezüglich der Größe der landwirtschaftlichen Betriebe kann es keine schematische Regelung geben.

Eine große Zahl lebensfähiger, kleiner und mittlerer Bauernstellen ist vom bevölkerungspolitischen Standpunkte aus vor allem wichtig.

Daneben erfüllt aber auch der Großbetrieb seine besonderen notwendigen Aufgaben und ist im gesunden Verhältnis zum Mittel- und Kleinbetrieb berechtigt.

7. Das Erbrecht an Grund und Boden ist durch ein Anerbenrecht so zu regeln, daß eine Zersplitterung des Landbesitzes und eine Schuldenbelastung des Betriebes vermieden wird.

8. Der Staat hat das Recht der Enteignung gegen angemessene Entschädigung:

a) von Land, das nicht im Besitze deutscher Volksgenossen sich befindet;
b) von Land, das — nach Urteil des zuständigen Berufsstandsgerichtes — durch verantwortungslose Mißwirtschaft seines Besitzers nicht mehr der Versorgung des Volkes dient;
c) von Teilen des von den Besitzern nicht selbst bewirtschafteten Großgrundbesitzes zum Zwecke der Ansiedlung einer freien Bauernschaft;
d) von Land, das zugunsten der Volksgesamtheit für besondere staatliche Zwecke (z. B. Verkehrseinrichtungen, Landesverteidigung) benötigt wird.

Unrechtmäßig (im Sinne deutschen Rechtes) erworbener Boden wird unentgeltlich enteignet.

9. Eine planmäßige — nach großen, bevölkerungspolitischen Gesichtspunkten erfolgende — Besiedlung verfügbar gewordenen Landes ist Aufgabe des Staates.

Das Land soll den Siedlern als Erblehen zu Anfangsbedingungen zugeteilt werden, welche eine lebensfähige Wirtschaft möglich machen.

Die Auswahl der Bewerber erfolgt nach Prüfung ihrer staatsbürgerlichen und beruflichen Eignung zum Siedler. Die nicht erbberechtigten Söhne von Landwirten (siehe Ziffer 7) werden besonders berücksichtigt.

Vor allem wichtig ist die Grenzland-Siedlung im Osten. Diese ist aber nicht allein durch Schaffung von Bauernwirtschaften befriedigend zu lösen, sondern nur im Zusammenhang mit Entwicklung kaufkräftiger Landstädte in Verbindung mit einer Neugruppierung der Industriebetriebe. Dadurch wird erst die Absatzmöglichkeit geschaffen, welche die neugegründeten mittleren und kleineren Bauernbetriebe lebensfähig macht.

Ernährungs- und Siedlungsraum im großen für das wachsende deutsche Volk zu schaffen, ist Aufgabe der deutschen Außenpolitik."

Diese Rechtsgrundsätze sind für einen Teil des deutschen Bodens, für die deutschen Erbhöfe, Gesetz geworden. Das REG., das z. T. die in der parteiamtlichen Kundgebung enthaltenen Formulierungen wörtlich übernommen hat, hat für den von ihm erfaßten Teil des deutschen Grund und Bodens eine endgültige Bodenordnung geschaffen. Das REG. erstreckt sich aber nur auf etwa 50 v. H. der landwirtschaftlichen Nutzfläche und einen noch weit geringeren Teil der Forstflächen in Deutschland. Für den übrigen Teil des deutschen Grund und Bodens hat es ein einheitliches Bodenrecht im Sinne einer deutschen Bodenordnung nicht gegeben. Im Gegenteil, das BGB. von 1900 kennt keinerlei Beschränkungen des Verkehrs mit landwirtschaftlichen Grundstücken aus öffentlichem Interesse. Nach dem BGB. ist der Grund und Boden eine Ware, über die man nach Belieben verfügen kann und mit dem man, ebenso wie mit einem Wertpapier, handeln und spekulieren kann. Lediglich Art. 119 EGBGB. duldet weiterhin bestimmte Landesgesetze, die die Veräußerung eines Grundstücks beschränken und die die Zerschlagung von Grundstücken verbieten. Auf Grund dieses Vorbehalts sind in den deutschen Ländern Gesetze aufrechterhalten und auch noch nach 1900 erlassen worden, die den freien ländlichen Grundstücksverkehr einschränken, aber ein besonderes, der Bedeutung des Grund und Bodens für die Erhaltung und für die Ernährung des Volkes gerecht werdendes Bodenrecht war unbekannt.

Erst als während des Weltkrieges die Ernährungslage des deutschen Volkes immer schwieriger wurde und gleichzeitig Kriegsgewinnler in großem Umfange landwirtschaftliche Güter aufkauften, ist eine reichsrechtliche Beschränkung des freien ländlichen Grundstücksverkehrs eingeführt worden. Das ist geschehen durch die Bekanntmachung des Bundesrats über den Verkehr mit landwirtschaftlichen Grundstücken vom

15. 3. 1918. Die Grundgedanken der Bundesratsbekanntmachung liegen in einem Schutz der während des Krieges besonders wichtigen landwirtschaftlichen Erzeugung und in der Verhinderung eines aus diesem Grunde unerwünschten Besitzwechsels der landwirtschaftlichen Güter. Bereits vor der Bundesratsbekanntmachung waren in verschiedenen Provinzen die Militärbehörden dazu übergegangen, besondere Maßnahmen auf diesem Gebiet zu treffen. Diese Entwicklung setzt die Bundesratsbekanntmachung fort, die nach der amtlichen Begründung nur als Kriegsmaßnahme gedacht war und die mit dem Kriege zusammenhängenden Mißstände beseitigen wollte.

Die Wirkung der Bundesratsbekanntmachung ist verhältnismäßig gering geblieben. Obwohl das Gesetz die Möglichkeit bot, den ländlichen Grundstücksverkehr wirksam zu beeinflussen, hat die Praxis der Genehmigungsbehörden eine schädliche Bodenspekulation nicht verhindert und eine Verpflichtung zur Bebauung des Bodens nicht durchgesetzt.

Nach der Machtübernahme durch den Nationalsozialismus erst ist hierin ein grundsätzlicher Wandel geschaffen und ein Bodenrecht eingeführt worden, das dem landwirtschaftlich genutzten Grund und Boden die Stellung einräumt, die ihm als Lebensgrundlage des gesamten Volkes zukommt. Obwohl durch Verwaltungsanweisungen seit 1933 die Handhabung der Bundesratsbekanntmachung verschärft wurde, zeigten sich insbesondere folgende Mängel:

a) Die Mindestgrenze der genehmigungspflichtigen Grundstücke von 5 ha erwies sich in vielen Gebieten als zu hoch,
b) der Erwerb von landwirtschaftlichen Grundstücken in der Zwangsversteigerung war nicht beschränkt und bot eine unerwünschte Umgehungsmöglichkeit,
c) der Kreis der von der Genehmigungspflicht befreiten Rechtsgeschäfte erwies sich als zu groß,
d) die Versagungsgründe für die Genehmigung waren zu eng,
e) eine Einschaltung des Reichsnährstandes in das Genehmigungsverfahren bestand nicht.

Diese Mängel beseitigt die GVB. vom 26. 1. 1937, die wohl äußerlich als Änderungsgesetz zur Bundesratsbekanntmachung erlassen worden ist, aber ihrer Bedeutung nach das vorläufige Bodengesetz für den nicht vom Erbhofrecht erfaßten Teil des deutschen Grund und Bodens darstellt.

Die endgültige deutsche Bodenordnung für diesen Teil ist wohl erst im Zusammenhang mit der Neugestaltung des übrigen Bodenrechts zu erwarten.

Die GVB. gibt den Genehmigungsbehörden die Möglichkeit, zusammen mit den Organen des Reichsnährstandes den gesamten ländlichen Grundstücksverkehr zu überwachen und nach den neuen agrarpolitischen Zielen auszurichten. Neben der GVB. hat noch erhebliche Bedeutung die Verordnung über die Veräußerung von Entschuldungsbetrieben vom 6. 1. 1937, die den Grundstücksverkehr mit Entschuldungsgrundstücken einer besonderen Kontrolle unterwirft, die neben dem Genehmigungsverfahren nach der GVB. wegen der aus den Entschuldungsgesetzen sich ergebenden Folgerungen notwendig ist.

In diesem Zusammenhang sei darauf hingewiesen, daß der ländliche Grundstücksverkehr im Interesse der Neubildung deutschen Bauerntums außerdem nach § 4 des Reichssiedlungsgesetzes durch ein Vorkaufsrecht für die gemeinnützigen Siedlungsgesellschaften und Landlieferungsverbände beschränkt ist, das durch die Verordnung über die Ausübung des Vorkaufsrechts vom 15. 4. 1937 neu geregelt ist.

In dieser Arbeit sind nur die den ländlichen Grundstücksverkehr unmittelbar betreffenden Gesetze und Verordnungen aufgeführt. Nicht behandelt sind die mit dem Reichssiedlungsgesetz zusammenhängenden Fragen, die aus diesem Rahmen herausfallen und die sonstigen Gesetze, die aus anderen Gründen eine Beschränkung des Grundstücksverkehrs herbeiführen. Im Anhang ist die Verordnung zur Sicherung der Landbewirtschaftung vom 23. 3. 1937 mit der DVO. vom 22. 4. 1937 abgedruckt, weil diese Gesetze die Grundstücksverkehrsbekanntmachung wirksam ergänzen und für den gleichen Teil des deutschen Grund und Bodens Anwendung finden.

Gesetzestext.

Bekanntmachung des Wortlauts der Bekanntmachung über den Verkehr mit landwirtschaftlichen oder forstwirtschaftlichen Grundstücken (Grundstückverkehrsbekanntmachung).

Vom 26. Januar 1937 (RGBl. I S. 35).

Auf Grund der im Artikel 2 Abs. 3 des Gesetzes vom 26. Januar 1937 zur Änderung der Bekanntmachung über den Verkehr mit landwirtschaftlichen Grundstücken (Reichsgesetzbl. I S. 32) und der im Artikel 2 Abs. 2 der Verordnung vom 26. Januar 1937 zur Ergänzung des Gesetzes zur Änderung der Bekanntmachung über den Verkehr mit landwirtschaftlichen Grundstücken (Reichsgesetzbl. I S. 34) dem Reichsminister für Ernährung und Landwirtschaft erteilten Ermächtigung wird die Bekanntmachung über den Verkehr mit landwirtschaftlichen oder forstwirtschaftlichen Grundstücken in der vom 1. Februar 1937 an geltenden Fassung nachstehend bekanntgegeben.

Berlin, den 26. Januar 1937.

Der Reichsminister für Ernährung und Landwirtschaft
In Vertretung
Willikens.

Bekanntmachung über den Verkehr mit landwirtschaftlichen oder forstwirtschaftlichen Grundstücken (Grundstückverkehrsbekanntmachung).

§ 1

Der Verkehr mit landwirtschaftlichen oder forstwirtschaftlichen Grundstücken im Umfang von 2 Hektar aufwärts unterliegt den nachstehenden Vorschriften.

§ 2

(1) Die Auflassung eines Grundstücks oder die Bestellung eines dinglichen Rechts, das zum Genuß der Erzeugnisse eines Grundstücks berechtigt, bedarf zu ihrer Wirksamkeit der Genehmigung der zuständigen Behörde (Genehmigungsbehörde). Das gleiche gilt für jede Vereinbarung, die den Genuß der Erzeugnisse oder die Verpflichtung zur Übereignung eines Grundstücks zum Gegenstand hat.

(2) Wird das Verpflichtungsgeschäft genehmigt, so gilt die Genehmigung auch für das diesem Verpflichtungsgeschäft entsprechende Erfüllungsgeschäft als erteilt.

(3) Bei der Veräußerung eines Grundstücks im Wege der Zwangsversteigerung bedarf das Gebot der Genehmigung. Die Vorschrift im § 71 des Zwangsversteigerungsgesetzes findet Anwendung. In den Fällen des § 81 Abs. 2 und 3 des Zwangsversteigerungsgesetzes darf der Zuschlag an einen anderen als den Meistbietenden nur erteilt werden, wenn dieser andere die Genehmigung beigebracht hat.

(4) Die Genehmigung kann unter Auflagen erteilt werden.

(5) Vor Erteilung oder Versagung der Genehmigung ist der zuständige Kreisbauernführer zu hören.

§ 3

(1) Die Genehmigung ist nicht erforderlich

1. bei Rechtsgeschäften des Reichs, der Länder und der sonstigen öffentlichen Gebietskörperschaften und ihrer Zweckverbände,
2. bei Rechtsgeschäften der Nationalsozialistischen Deutschen Arbeiterpartei,
3. bei Rechtsgeschäften der Deutschen Reichsbahn und des Unternehmens „Reichsautobahnen",
4. bei Rechtsgeschäften, die nach anderen Vorschriften der Genehmigung eines Reichsministers oder einer obersten Landesbehörde bedürfen und diese erhalten haben,
5. bei Rechtsgeschäften zwischen Ehegatten oder Personen, die untereinander in gerader Linie verwandt oder verschwägert oder in der Seitenlinie im zweiten Grade verwandt sind, sofern es sich nicht um Veräußerung eines Grundstücks handelt,
6. bei Rechtsgeschäften, die der Durchführung eines Verfahrens zur Neubildung deutschen Bauerntums (Neu-

siedlungs- oder Anliegersiedlungsverfahren) auf Grund des Reichssiedlungsgesetzes vom 11. August 1919 (Reichsgesetzbl. S. 1429) und des Gesetzes über die Neubildung deutschen Bauerntums vom 14. Juli 1933 (Reichsgesetzbl. I S. 517) dienen,

7. bei Rechtsgeschäften, die der Errichtung von Kleinsiedlungen nach den hierfür geltenden Bestimmungen des Reichs dienen,
8. bei Rechtsgeschäften, die der Errichtung von Kleinwohnungen oder Kleingärten durch eine öffentlich-rechtliche Körperschaft oder ein gemeinnütziges Wohnungs- oder Kleingartenunternehmen dienen,
9. wenn ein Grundstück innerhalb einer Fläche, die in einem auf gesetzlicher Grundlage beruhenden Verfahren für andere als land- oder forstwirtschaftliche Zwecke bestimmt ist, Gegenstand des Rechtsgeschäfts ist und das Rechtsgeschäft diesem anderen Zweck dient. Die Genehmigung ist jedoch erforderlich, wenn das Grundstück nur teilweise innerhalb der Fläche liegt und der außerhalb der Fläche liegende Grundstücksteil einen Umfang von 2 Hektar und mehr hat,
10. wenn das Grundstück zu einem Erbhof gehört,
11. wenn das Rechtsgeschäft mit Ermächtigung der Fideikommißbehörde vorgenommen oder von dieser genehmigt oder bestätigt ist.

(2) Abs. 1 gilt sinngemäß für Gebote im Zwangsversteigerungsverfahren (§ 2 Abs. 3).

§ 4

(1) Ob die Genehmigung nach dieser Bekanntmachung erforderlich ist, entscheidet die Genehmigungsbehörde. Die Entscheidung ist für Gerichte und Verwaltungsbehörden bindend.

(2) Die Genehmigungsbehörde hat auf Antrag ein Zeugnis darüber zu erteilen, daß die Genehmigung nicht erforderlich ist.

(3) Der Nachweis dafür, daß die Voraussetzungen des § 3 Abs. 1 Ziffern 6 bis 9 gegeben sind, und der Nachweis dafür, daß es sich nicht um ein landwirtschaftliches oder forstwirtschaftliches Grundstück handelt, soweit das beim Grundbuchamt nicht offenkundig ist, ist durch eine Bescheinigung der Genehmigungsbehörde zu führen.

§ 5

(1) Die Genehmigung darf nur versagt werden, wenn der Ausführung des Rechtsgeschäfts ein erhebliches öffentliches Interesse entgegensteht; dies kann insbesondere der Fall sein, wenn

1. durch die Ausführung des Rechtsgeschäfts die ordnungsmäßige Bewirtschaftung des Grundstücks zum Schaden der Volksernährung gefährdet erscheint,

   oder

2. das zum Betriebe der Landwirtschaft bestimmte Grundstück an jemanden überlassen wird, der nicht als Landwirt im Hauptberuf anzusehen ist,

   oder

3. das Rechtsgeschäft zum Zwecke oder in Ausführung einer unwirtschaftlichen Zerschlagung des Grundstücks erfolgt,

   oder

4. durch die Ausführung des Rechtsgeschäfts die Aufhebung der wirtschaftlichen Selbständigkeit eines landwirtschaftlichen Betriebs durch Vereinigung mit einem anderen zu besorgen ist,

   oder

5. der Gegenwert in einem groben Mißverhältnis zum Wert des Grundstücks steht.

(2) Bei der Veräußerung im Wege der Zwangsversteigerung (§ 2 Abs. 3) sind die Vorschriften des Absatzes 1 sinngemäß anzuwenden mit der Maßgabe, daß bei der Entscheidung über die Erteilung der Genehmigung zu dem Gebot eines dinglich Berechtigten auch seine Belange als dinglicher Gläubiger angemessen zu berücksichtigen sind.

§ 6

(1) Ist im Grundbuch auf Grund eines nicht genehmigten Rechtsgeschäfts eine Rechtsänderung eingetragen, so kann die zuständige Behörde, falls nach ihrem Ermessen die Genehmigung erforderlich war, das Grundbuchamt um die Eintragung eines Widerspruchs ersuchen. § 53 Abs. 1 der Grund-

buchordnung in der Fassung vom 5. August 1935 (Reichsgesetzbl. I S. 1073) bleibt unberührt.

(2) Ein nach Abs. 1 eingetragener Widerspruch ist zu löschen, wenn die zuständige Behörde darum ersucht oder wenn die Genehmigung erteilt ist.

§ 7

Wird die Genehmigung nicht oder unter Auflagen erteilt, so steht jedem Teile binnen zwei Wochen seit der Bekanntmachung der Entscheidung an ihn die Beschwerde zu. Die Entscheidung über die Beschwerde ist endgültig. Soll die Genehmigung versagt oder unter einer Auflage erteilt werden, so sind beide Teile, soweit tunlich, zu hören.

§ 8

(1) Die zuständige Behörde kann dem Eigentümer oder Besitzer von lebendem oder totem Inventar, das zu einem landwirtschaftlichen Grundstück gehört oder sich auf ihm befindet, die Veräußerung oder die Entfernung des Inventars oder einzelner Stücke von dem Grundstück untersagen, wenn hierdurch die ordnungsmäßige Bewirtschaftung des Grundstücks zum Schaden der Volksernährung gefährdet werden würde. Gegen die Untersagung ist die Beschwerde zulässig. Die Entscheidung über sie ist endgültig.

(2) Die Vorschrift gilt nicht bei Maßregeln im Wege der Zwangsvollstreckung.

§ 9

(1) Mit Gefängnis bis zu einem Jahre und mit Geldstrafe oder mit einer dieser Strafen wird bestraft,

1. wer
   a) entgegen einer rechtskräftigen Versagung der für das Rechtsgeschäft erforderlichen Genehmigung oder,
   b) ohne binnen drei Monaten nach Vornahme eines genehmigungsbedürftigen Rechtsgeschäfts die erforderliche Genehmigung nachgesucht zu haben,

   den Besitz eines Grundstücks erwirbt oder behält oder einem anderen überläßt oder beläßt,
2. wer die bei Erteilung der Genehmigung gemachten Auflagen nicht erfüllt,

3. wer Inventar veräußert, entfernt oder an sich bringt, wenn ein Verbot nach § 8 vorliegt.

(2) Ist die Handlung fahrlässig begangen, so ist auf Geldstrafe zu erkennen.

§ 10

Die zur Entscheidung über die Genehmigung zuständige Behörde (Genehmigungsbehörde) wird von den obersten Landesbehörden bestimmt.

§ 11

(1) Weitergehende landesrechtliche Bestimmungen treten, soweit durch Ausführungsvorschriften nichts anderes bestimmt wird, am 30. April 1937 außer Kraft.

(2) Im Zweifelsfalle bestimmt der Reichsminister für Ernährung und Landwirtschaft im Einvernehmen mit dem Reichsminister der Justiz, welche Bestimmungen als weitergehende landesrechtliche Bestimmungen im Sinne des Absatzes 1 anzusehen sind.

§ 12

Der Reichsminister für Ernährung und Landwirtschaft kann im Einvernehmen mit dem Reichsminister der Justiz die Grundstücksgröße (§ 1, § 3 Abs. 1 Ziffer 9) abweichend bestimmen; die Abweichung kann sich auf einzelne Länder oder auf Landesteile beschränken. Die Bestimmung ist im Reichsgesetzblatt zu veröffentlichen.

1. Erläuterungen zur Bekanntmachung über den Verkehr mit landwirtschaftlichen oder forstwirtschaftlichen Grundstücken (Grundstücksverkehrsbekanntmachung).

Vom 26. Januar 1937 (RGBl. I S. 35).

Die genehmigungspflichtigen Grundstücke.

§ 1

Der Verkehr mit landwirtschaftlichen oder forstwirtschaftlichen Grundstücken im Umfang von 2 Hektar aufwärts unterliegt den nachstehenden Vorschriften.

1. **Allgemeines.** Die Grundstücksverkehrsbekanntmachung in der vorliegenden Fassung ist eine Änderung und Weiterbildung der Bundesratsbekanntmachung über den Verkehr mit landwirtschaftlichen Grundstücken vom 15. 3. 1918 (RGBl. S. 123). Durch das hier nicht abgedruckte Gesetz zur Änderung der Bekanntmachung über den Verkehr mit landwirtschaftlichen Grundstücken vom 26. 1. 1937 (RGBl. I S. 32) sind die einzelnen Paragraphen der Bundesratsbekanntmachung geändert. Gleichzeitig ist durch Artikel 2 des Gesetzes der Reichsminister für Ernährung und Landwirtschaft ermächtigt worden, die Bundesratsbekanntmachung vom 15. 3. 1918 unter der Überschrift „Bekanntmachung über den Verkehr mit landwirtschaftlichen oder forstwirtschaftlichen Grundstücken" neuzufassen und im Reichsgesetzblatt bekanntzumachen. Die Veröffentlichung dieser Neufassung der Grundstücksverkehrsbekanntmachung ist ebenfalls am 26. 1. 1937 (RGBl. I S. 35) erfolgt. In dem vorliegenden Buch ist als Gesetzestext lediglich diese Neufassung abgedruckt, weil sie allein für die praktische Anwendung Bedeutung hat. Darüber hinaus ist von dem Gesetz zur Änderung der Bekanntmachung über den Verkehr mit landwirtschaftlichen Grundstücken vom 26. 1. 1937 nur noch der Artikel 2 von Wichtigkeit, der im Anhang wiedergegeben ist (Anhang Nr. 1, S. 101. Dieser Artikel enthält die Ermächtigung für den Reichsernährungsminister zum Erlaß von Durchführungs- und Ergänzungsvorschriften und zur Angleichung von aufrechterhaltenen Bestimmungen in Landes-

gesetzen an den neuen Rechtszustand. Auf Grund dieser Ermächtigung ist bisher die im Anhang unter Nr. 2 (S. 102) abgedruckte „Verordnung zur Ergänzung des Gesetzes zur Änderung der Bekanntmachung über den Verkehr mit landwirtschaftlichen Grundstücken" vom 26. 1. 1937 (RGBl. I S. 34) ergangen. Die Bestimmungen dieser Verordnung werden weiter unten im Zusammenhang erläutert.

Die Bedeutung der neuen Grundstücksverkehrsbekanntmachung liegt nun nicht etwa in einer mehr oder weniger weitgehenden Änderung der Bundesratsbekanntmachung vom 15. 3. 1918, wie es nach dem Vorstehenden den Anschein haben könnte. Sie ist vielmehr ein Stück der neuen deutschen Bodenordnung, und zwar das Bodengesetz für den nicht unter Erbhofrecht fallenden Teil der land- und forstwirtschaftlichen Grundstücke in Deutschland. Die Grundstücksverkehrsbekanntmachung stellt noch nicht das nach nationalsozialistischer Rechtsauffassung endgültige Bodengesetz zur Verwirklichung der gesamten deutschen Bodenordnung dar, was sich schon daraus ergibt, daß sie nicht als besonderes Bodengesetz, sondern nur als Änderungsgesetz zur Bundesratsbekanntmachung erlassen ist. Die endgültige nationalsozialistische Bodenordnung ist vielmehr nur für einen Teil des deutschen Grund und Bodens, für die Erbhöfe durch die Erbhofgesetzgebung verwirklicht. Für die anderen landwirtschaftlichen Grundstücke ist das endgültige Bodenrecht wohl erst im Zusammenhang mit der Umgestaltung des übrigen Grundstücksrechts nach nationalsozialistischen Grundsätzen zu erwarten. Dennoch ist die Grundstücksverkehrsbekanntmachung das für die Nichterbhöfe wichtigste Bodengesetz, das dazu dient, die endgültig anzustrebende deutsche Bodenordnung mitherbeizuführen.

2. **Grundstücksverkehr** ist ein wirtschaftlicher Begriff, der alle diejenigen schuldrechtlichen und dinglichen Rechtsgeschäfte umfaßt, die im § 2 näher bezeichnet sind. Das sind kurz alle Rechtsgeschäfte, die einen Wechsel im Eigentum, Besitz oder im Genuß der Früchte eines landwirtschaftlichen oder forstwirtschaftlichen Grundstückes herbeiführen.

Neben der Unterwerfung dieses Grundstücksverkehrs unter eine behördliche Genehmigungspflicht kennt die GVB. nach § 8 Maßnahmen, die eine Entfernung von lebendem und totem Inventar von einem landwirtschaftlichen Grundstück verhindern, welche nicht zum Grundstücksverkehr im eigentlichen Sinne gehören.

3. **Grundstücke.** Welche Grundstücke von diesem Gesetz erfaßt werden, ist nicht immer ohne weiteres festzustellen. Die amtlichen Richtlinien geben daher eine nähere Bestimmung des Grundstücksbegriffs, die folgendermaßen lautet:

„Der Begriff ‚Grundstück‘ ist im wirtschaftlichen Sinn zu verstehen und umfaßt jeden einheitlich bewirtschafteten land- oder forstwirtschaftlichen Grund und Boden. Nicht der Umstand ist also entscheidend, wie das den Gegenstand des Rechtsgeschäfts bildende Grundstück im Grundbuch, insbesondere, ob es auf einem oder mehreren Grundbuchblättern eingetragen ist, sondern allein die wirtschaftliche Zusammengehörigkeit. Das Grundstück kann ein selbständiger Wirtschaftsbetrieb und daher mit Gebäuden und Inventar versehen sein, es braucht aber eine solche wirtschaftliche Selbständigkeit nicht zu haben. Um ein Grundstück handelt es sich nicht nur dann, wenn sich der Grundstückskomplex aus mehreren örtlich zusammenhängenden Parzellen zusammensetzt, sondern auch dann, wenn die einzelnen Parzellen mit fremden Grundstücken im Gemenge liegen, von dem Eigentümer aber von einer Hofstelle aus bewirtschaftet werden.“

Der Grundstücksbegriff erhält hiernach seinen Inhalt wesentlich nach wirtschaftlichen Gesichtspunkten. Es kommt nicht darauf an, ob das Grundstück unter einer besonderen Nummer im Grundbuch eingetragen ist, also ein selbständiges Grundstück im Sinn der Grundbuchordnung bildet, oder ob es als besondere Parzelle mit eigener Nummer im Kataster eingetragen ist. Maßgebend ist allein der wirtschaftliche Zusammenhang. Wenn das einzelne Grundstück eine zusammenhängende Fläche bildet, die die Mindestgrenze des § 1 überschreitet, können Zweifel an der Genehmigungspflicht nicht bestehen, weil hier immer eine wirtschaftliche Einheit vorhanden ist. Dieser wirtschaftliche Zusammenhang wird auch nicht dadurch aufgehoben, daß ein solches Grundstück zum Teil vom Eigentümer selbst bewirtschaftet und zum Teil verpachtet wird. Das gleiche gilt, wenn das Grundstück in einzelnen Teilen an verschiedene Pächter abgegeben ist. Man kann daher die Genehmigungspflicht nicht dadurch umgehen, daß man ein einheitliches Grundstück in einzelne kleine Flächen aufteilt und diese Teilstücke überträgt. Ebensowenig kann man dem Genehmigungszwang ausweichen, wenn man sein Land in Parzellen unter 2 Hektar vermessen und diese Parzellen als selbständige Grundstücke in das Grundbuch eintragen läßt. Hier liegt wirtschaftlich gesehen immer ein einheitliches Grundstück vor, bei dem jeder Besitzwechsel der Genehmigung bedarf.

Ein einheitliches Grundstück ist nach den Richtlinien auch dann gegeben, wenn die einzelnen Teile räumlich getrennt liegen, aber von einer Hofstelle aus bewirtschaftet werden. Das bedarf keiner Erörterung. Hierbei kann es auf die Eigentumsverhältnisse nicht ankommen. Wenn die von einer Hofstelle aus bewirtschafteten Grundstücke z. B. teils im Eigentum des Ehemannes, teils im Eigentum der Ehefrau stehen, so liegt ein einheitliches Grundstück vor, das in allen Teilen der Genehmigungspflicht unterworfen ist.

Ein wirtschaftlich zusammenhängendes Grundstück ist aber nicht nur dann gegeben, wenn die verstreut liegenden Parzellen zu einer Hofstelle gehören, sondern auch, wenn eine Hofstelle gar nicht vorhanden ist. Es gibt fast in jeder Gemeindeflur Grundstücke, die nicht von dem Eigentümer selbst bewirtschaftet, sondern durch Verpachtung genutzt werden, weil eine Hofstelle dazu nicht vorhanden ist. Dieser Grundbesitz stellt für den Eigentümer auch ohne das Merkmal eines Wirtschaftshofes eine wirtschaftliche Einheit dar und ist damit den Bindungen der GVB. unterworfen. In diesen Fällen tritt an die Stelle der einheitlichen Bewirtschaftung der Begriff der einheitlichen Verwaltung, weil man nur so zu einer dem Ziel des Gesetzes entsprechenden Anwendung gelangen kann. Eine Kontrolle des Grundbesitzwechsels ist gerade bei den lediglich als Kapitalsanlage ohne eigene Hofstelle vorhandenen landwirtschaftlichen Grundstücken notwendig. Diese würde aber bei vielen Streuparzellen unter 2 Hektar wegfallen, wenn man das Vorhandensein eines einheitlichen Grundstücks verneint, sobald eine gemeinsame Hofstelle fehlt. Da hier eine einheitliche Bewirtschaftung überhaupt nicht erfolgen kann, ist der wirtschaftliche Zusammenhang zwischen solchen Parzellen durch den Begriff der einheitlichen Verwaltung gegeben. Damit unterliegen auch Ländereien ohne Hofstelle und Inventar der Genehmigungspflicht, sobald sie unter einheitlicher Verwaltung stehen. Ebenso von Manteuffel in RdRN. 1937, S. 358, — der besonders in bezug auf Kirchenland den wirtschaftlichen Zusammenhang einzelner Parzellen durch die einheitliche finanzielle Verwaltung der Kirche gegeben sein läßt.

4. Nur **land- und forstwirtschaftliche Grundstücke** fallen unter die GVB. Die Richtlinien führen hierzu aus:

„Die Genehmigungspflicht erstreckt sich nur auf land- und forstwirtschaftliche Grundstücke. Zu den landwirtschaftlichen Grundstücken rechnen auch Grundstücke, die durch Sonderkulturen, wie Weinbau, Gärtnerei, Teichwirtschaft, genutzt werden. Ob das Grundstück im Zeitpunkt des Rechtsgeschäfts vom Eigentümer oder Besitzer tatsächlich landwirtschaftlich oder forstwirtschaftlich genutzt wird oder ob es im Kaufvertrag nach der Ansicht der Vertragschließenden anderen als landwirtschaftlichen oder forstwirtschaftlichen Zwecken zugeführt werden soll, ist für die Frage der Genehmigungspflicht ohne Bedeutung. Entscheidend ist, ob das Grundstück seiner Natur nach den üblicherweise landwirtschaftlich oder forstwirtschaftlich zu nutzenden Grundstücken zuzurechnen ist. Andererseits fallen unter die Genehmigungspflicht nicht Grundstücke, die anderen Zwecken dienen. Hierzu rechnen insbesondere bebaute städtische Grundstücke, brachliegende Bauplätze, Fabrikgelände, Lagerplätze und ähnliche weder landwirtschaftlich noch forstwirtschaftlich genutzte Flächen. Die Entscheidung, ob das Rechtsgeschäft mit Rücksicht auf die Art des Grundstücks der Genehmigung unterliegt, trifft im Zweifelsfalle auf Grund des § 4 die Genehmigungsbehörde."

§ 1 der GVB. und der entsprechende Abschnitt der Richtlinien bringt gegenüber dem bisherigen Rechtszustand insofern eine Änderung, als jetzt nur noch land- und forstwirtschaftliche Grundstücke der Genehmigungspflicht unterliegen, während nach der Bundesratsbekanntmachung vom 15. 3. 1918 alle Grundstücke über 5 Hektar der Genehmigung bei einer Besitzänderung bedurften.

Welche Grundstücke zu den üblicherweise landwirtschaftlich oder forstwirtschaftlich genutzten zu zählen sind, kann aus den landwirtschaftlichen Gesetzen der letzten Jahre entnommen werden. Hier hat besonders in der Erbhof-, Reichsnährstands- und Schuldenregelungsgesetzgebung der Begriff der Land- und Forstwirtschaft seine feste Form gefunden. Nach § 5 der 1. Verordnung über den vorläufigen Aufbau des Reichsnährstandes vom 8. 12. 1933 (RGBl. I S. 1060) umfaßt die Landwirtschaft die Bodenbewirtschaftung und die mit Bodennutzung verbundene Tierhaltung zur Gewinnung pflanzlicher und tierischer Erzeugnisse, insbesondere den Ackerbau, die Wiesen- und Weidenwirtschaft, die Forstwirtschaft, den Gartenbau, den Weinbau, die Fischerei in den Binnen- und Küstengewässern, die Imkerei und die Jagd. Die auf Grund des § 5 des Schuldenregelungsgesetzes vom 1. 6. 1933 (RGBl. I S. 331) erlassenen Richtlinien zur landwirtschaftlichen Schuldenregelung vom 13. 6. 1934 (AME. Nr. 141 S. 7) rechnen zur Land- und Forstwirtschaft Grundstücke, auf denen Acker-, Wiesen-, Wein-, Hopfen-, Tabak-, Feldgemüse- und Obstbau betrieben wird, sowie Imkereien, Fischzuchtbetriebe, Teichwirtschaften und Korbweidenbaubetriebe. Einen wertvollen Anhalt in Zweifelsfällen bietet ferner die Rechtsprechung zu § 1 des REG. und des Schuldenregelungsgesetzes, die sich weitgehend mit der Frage beschäftigt hat, welche Grundstücke zu den land- und forstwirtschaftlichen gehören.

Hiernach unterliegen den Bindungen der GVB. alle Grundstücke, auf denen Acker-, Weiden-, Wiesen- und Forstwirtschaft, Gärtnerei, Wein-, Hopfen-, Tabak-, Feldgemüse- und Obstbau, sowie Imkerei und Fischzucht betrieben wird. Es kommt nicht darauf an, ob diese Grundstücke viel oder wenig Ertrag bringen. Auch Moore, Unland und Heideflächen gehören zu den genehmigungspflichtigen Ländereien, selbst dann, wenn sie nicht bewirtschaftet werden, aber in irgendeiner Form bewirtschaftet werden können, denn derartige Grundstücke werden üblicherweise zu den land- und forstwirtschaftlichen gerechnet.

Zu den landwirtschaftlichen Grundstücken gehört ferner die Hofstelle eines landwirtschaftlichen Betriebes, wobei unter einem landwirtschaftlichen Betrieb jede wirtschaftliche Betätigung im Sinne der eben gemachten Ausführungen zu verstehen ist. Ebenfalls zählen hierher Grundstücke, auf denen sich besondere für den Wirtschaftsbetrieb bestimmte Gebäude befinden, z. B. abgesondert liegende Arbeiterwohnungen. Ein für ein Gut vorhandenes Altenteilshaus, auch wenn es nicht unmittelbar an der Hofstelle liegt, ist als landwirtschaftliches Grundstück anzusehen, das nicht ohne Genehmigung veräußert werden darf. Das gilt aber nicht für ein in der nächsten Stadt gelegenes Haus, das dem Eigentümer eines landwirtschaftlichen Betriebes gehört und das dazu bestimmt ist, dem sich zur Ruhe setzenden Landwirt als Altenteilswohnung zu dienen. Hier ist von einem inneren wirtschaftlichen Zusammenhang mit dem landwirtschaftlichen Betrieb keine Rede mehr, die Genehmigungspflicht fällt daher weg.

Im einzelnen bleibt noch anzuführen, daß Geflügelfarmen und Gänsemästereien nur dann als landwirtschaftliche Betriebe anzusehen sind, wenn so viel eigenes Land vorhanden ist, daß die benötigten Futtermittel zum überwiegenden Teil auf diesem Lande gewonnen werden können. Wenn dagegen die Futtermengen zum größten Teil gekauft werden, liegt ein gewerblicher Betrieb vor, dessen Grundstücke nicht unter die GVB. fallen. Das gleiche ist der Fall bei Abmelkställen und Viehmästereien. Ebenso sind Pelztierfarmen nur unter denselben Voraussetzungen zu den landwirtschaftlichen Betrieben zu rechnen. Ein Rennstall ist es dann, wenn die Rennpferde von dem Landwirt selbst gezüchtet werden, der Rennstall den landwirtschaftlichen Betrieb ergänzt und dieser zusammen mit dem Gestüt eine wirtschaftliche Einheit bildet. (Reichsfinanzhof im Reichssteuerblatt 1929, S. 473.) Grundstücke, auf denen Baumschulen und Korbweidenanlagen unterhalten werden, sind genehmigungspflichtig.

Schwierig ist die Feststellung, ob ein landwirtschaftliches Grundstück vorliegt dann, wenn auf diesem Grundstück nicht nur Landwirtschaft, sondern auch ein Gewerbe betrieben wird, z. B. bei einem Gut mit Brennerei oder Molkerei, bei einer Ziegelei mit Landwirtschaft, bei einem Dorfgasthof mit Ländereien oder bei einer Landwirtschaft, die mit einer Bäckerei verbunden ist. Zu diesen Fragen ist eine umfangreiche Rechtsprechung der Erbhofgerichte ergangen, die die Zugehörigkeit solcher Betriebe zu einem Erbhof festlegt. Desgleichen stellen die schon angeführten Richtlinien zur landwirtschaftlichen Schuldenregelung vom 13. 6. 1934 (AME. Heft 141 S. 7) Grundsätze darüber auf, was in derartigen Fällen zu den landwirtschaftlichen Betrieben gehört. Die hier entwickelten Unterscheidungsmerkmale sind auch bei der GVB. anzuwenden, wenn auch mit gewissen Einschränkungen. Denn bei den Erbhof- und Schuldenregelungsverfahren kommt es mehr auf die Feststellung der landwirtschaftlichen Betriebseinheit an, die für die besonderen Zwecke dieser Gesetzgebung nicht zerrissen werden darf, während bei der GVB. die wirtschaftliche Bestimmung der einzelnen Grundstücksflächen im Vordergrund steht. Daraus ergeben sich gewisse Unterschiede, die für die Zwecke der GVB. im allgemeinen zu einer engeren Auslegung der im Erbhof- und Entschuldungsrecht ausgebildeten Grundsätze über die Zugehörigkeit solcher Grundstücke zur Landwirtschaft führen.

Bei solchen Mischbetrieben werden Nebenbetriebe, Doppelbetriebe und gemischte Betriebe unterschieden.

Land- und forstwirtschaftliche Nebenbetriebe sind dazu bestimmt, Erzeugnisse der eigenen Land- und Forstwirtschaft zu verarbeiten (Molkerei, Brennerei, Stärkefabrik, Mühle, Sägewerk), oder für den Hauptbetrieb erforderliche Gegenstände herzustellen (Gutsschmiede, Stellmacherei), oder Bestandteile des Grund und Bodens als Rohstoffe zu gewinnen (Ziegeleien, Steinbrüche, Torfstiche, Sand-, Kies- und Lehmgruben). Alle für derartige Betriebe verwandten Grundstücke sind nur dann als landwirtschaftliche zu betrachten, wenn diese Nebenbetriebe ausschließlich oder doch zum größten Teil dem landwirtschaftlichen Betriebe dienen, dessen Erzeugnisse verwerten und Erträgnisse erhöhen, ohne selbst eigene gewerbliche Einnahmen zu bringen, und im Verhältnis zum landwirtschaftlichen Hauptbetrieb eine untergeordnete Rolle spielen. Wenn diese Voraussetzung gegeben ist, bedarf jeder Grundstücksverkehr derartiger Nebenbetriebe einer Genehmigung. In der Regel sind diese so angelegt, daß sie von dem Hauptbetrieb räumlich nicht zu trennen sind, so daß ein Besitzwechsel praktisch nur zusammen mit dem Hauptbetrieb erfolgen kann. Ist das nicht der Fall, ist also eine örtliche Trennung möglich, ergeben sich keine Schwierigkeiten, solange die gesamten Grundstücke veräußert werden, weil dieser Rechtsvorgang genehmigt werden muß, und die Genehmigung sich auf alle Teile erstreckt. Wenn aber ein Landwirt eine Gutsmolkerei z. B. von seinem landwirtschaftlichen Betriebe abtrennt und gesondert veräußert, so ist hierzu eine Genehmigung nicht erforderlich, obwohl hier die Wirtschaftseinheit zwischen Gut und Molkerei aufgehoben ist, weil eine Molkerei nicht notwendig zu einem landwirtschaftlichen Betrieb gehören muß und sie durch die Veräußerung zu einem selbständigen gewerblichen Betrieb wird.

Bei den sog. Doppelbetrieben ist die Frage der Genehmigungspflicht eines Grundstückswechsels ohne weiteres zu bestimmen. Doppelbetriebe liegen vor, wenn ein Eigentümer mehrere räumlich voneinander getrennte selbständige Betriebe besitzt, z. B. ein Gut und eine besonders gelegene Ziegelei. Hier erstreckt sich die Genehmigungspflicht nur auf die land- oder forstwirtschaftlichen Grundstücke.

Von einem gemischten Betrieb spricht man dann, wenn mehrere Betriebe eine untrennbare wirtschaftliche Betriebseinheit bilden und weder wirtschaftlich noch räumlich vollkommen voneinander getrennt werden können, ohne daß erhebliche Verluste und Unkosten entstehen, z. B. ein Dorfgasthof, der sich in demselben Haus befindet, das gleichzeitig als Wohn- und Wirtschaftsraum für die Landwirtschaft dient. Ein solches Grundstück ist in jedem Fall genehmigungspflichtig, sofern es die Mindestgrenze erreicht, mag auch der gewerbliche Betrieb für den Eigentümer eine größere Bedeutung haben als der landwirtschaftliche, denn hier liegt immer zugleich ein landwirtschaftliches Grundstück vor.

Zusammenfassend ist festzustellen, daß die Grundstücke von landwirtschaftlichen Nebenbetrieben, die vom Hauptbetrieb räumlich nicht zu trennen sind, und die sog. gemischten landwirtschaftlichen Betriebe im Falle eines Grundstücksverkehrs der Genehmigung nach der GVB. bedürfen, weil es sich hier um Grundstücke handelt, die üblicherweise den landwirtschaftlich zu nutzenden Grundstücken zuzurechnen sind, oder bei denen der landwirtschaftliche Charakter überwiegt.

Aus diesen Ausführungen ergibt sich zugleich, was als nichtlandwirtschaftliches Grundstück mit der GVB. nichts zu tun hat, ohne daß darauf noch näher eingegangen zu werden braucht. Als Beispiele seien aufgezählt: Parkgrundstücke und solche für gewerbliche, Sport- und Wohnungszwecke.

Die Entscheidung darüber, ob ein genehmigungspflichtiges land- oder forstwirtschaftliches Grundstück vorliegt, trifft in Zweifelsfällen nach § 4 die zuständige Genehmigungsbehörde (vgl. Anm. 1 und 2 zu § 4).

5. **Nur Grundstücke von 2 Hektar aufwärts** unterliegen der GVB. Die Bundesratsbekanntmachung vom 15. 3. 1918 beschränkte sich auf Grundstücke über 5 Hektar, weil sie bei den kleineren Grundstücken Mißstände nicht befürchtete und eine übermäßige Belastung des Grundstücksverkehrs und der Behörden vermeiden wollte (Amtl. Begründung zur Bundesratsbekanntmachung vom 16. 3. 1918 zu § 1, JMBl. 1918, S. 69). Die 20-Morgengrenze erwies sich aber in vielen Gegenden, besonders im Realteilungsgebiet Süd- und Westdeutschlands als viel zu hoch, um eine wirksame Kontrolle

des Bodenverkehrs herbeizuführen. Seit der Machtübernahme wurde von den zuständigen Stellen eine wesentliche Herabsetzung der 5-Hektargrenze besonders in Preußen gefordert, um auch für den nicht erbhofgebundenen Grund und Boden eine Steuerung des Grundstücksverkehrs nach nationalsozialistischen Grundsätzen zu gewährleisten. In anderen Ländern war diese Forderung nicht so dringend, weil diese eigene weitergehende Grundstücksverkehrsgesetze hatten, oder auf Grund der Ermächtigung des § 8 der Bundesratsbekanntmachung vom 15. 3. 1918 die Mindestgrenze bereits herabgesetzt hatten. (Vgl. hierzu Anm. 1 zu § 11.)

Die Mindestgrenze von 2 Hektar kann nach § 12 GVB. vom Reichsernährungsminister im Einvernehmen mit dem Reichsjustizminister abgeändert werden, und zwar auch für einzelne Länder oder Landesteile. Auf Grund dieser Bestimmung ist zunächst die Ausführungsbestimmung vom 26. 1. 1937 ergangen (Anhang Nr. 3), die in Abweichung von § 1 die Grundstücksgrenze nach besonderen örtlichen Bedürfnissen festsetzt.

Diese Ausführungsbestimmung hat nur noch Bedeutung für die Genehmigungen in der Zeit vom 1. 2.—30. 4. 1937. Sie ist durch die am 1. 5. 1937 in Kraft getretene Ausführungsverordnung vom 22. 4. 1937 (Anhang Nr. 4) ersetzt, die die Mindestgrenzen entsprechend den besonderen örtlichen Bedürfnissen wie folgt festsetzt:

a) auf 5 Hektar für die preußischen Regierungsbezirke Lüneburg, Potsdam und Stettin;
b) auf 1 Hektar für die Länder Hamburg, Oldenburg, Thüringen, Württemberg und die preußischen Regierungsbezirke Aachen, Allenstein, Aurich, Düsseldorf, Kassel, Koblenz, Köln, Marienwerder, Oppeln, Schleswig, Schneidemühl, Sigmaringen, Trier und Wiesbaden;
c) auf $1/2$ Hektar für die Länder Baden, Hessen sowie für das Saarland und den bayerischen Regierungsbezirk Pfalz.

Der Flächeninhalt der Grundstücke ist in Zweifelsfällen nach den Katasterunterlagen zu ermitteln. Die Angaben der Vertragschließenden sind oft ungenau und müssen dann nachgeprüft werden, wenn einige Quadratmeter an der gesetzlichen Mindestgrenze fehlen. Hier kann auch eine Bestrafung nach § 9 GVB. drohen, wonach mit Gefängnis bis zu 1 Jahr oder mit Geldstrafe bestraft werden kann, wer einen Grundbesitzwechsel vornimmt, ohne binnen 3 Monaten die erforderliche Genehmigung eingeholt zu haben. Die Notare und sonstigen Urkundspersonen werden daher im Falle der Beurkundung eines solchen Rechtsgeschäftes sich durch Einsicht in die Grundbücher oder auf sonstige Weise von der genauen Größe des Grundstücks überzeugen müssen, um Nachteile für die Vertragsparteien zu vermeiden, zumal auch die Grundbuchämter eine Eintragung ohne die behördliche Genehmigung nur vornehmen können, wenn das Grundstück die Mindestgrenze nicht übersteigt. Besonders bei Pachtverträgen, die in der Regel nicht notariell beurkundet werden, empfiehlt sich die genaue Feststellung des Flächeninhalts, weil auch die fahrlässig unterlassene Einholung der Genehmigung nach § 9 strafbar macht.

6. **Veräußerung von Teilgrundstücken.** Nach § 1 der VO. vom 22. 4. 1937 (Anhang Nr. 4) ist auch die Veräußerung von Teilflächen eines Grundstücks genehmigungspflichtig, wenn die Größe des Teilgrundstücks 1/2 Hektar oder darüber, in den in Anm. 5 zu b und c genannten Bezirken 1/4 Hektar oder darüber beträgt. Für die Beurteilung dieser Mindestgrenze ist das aufzulassende Teilgrundstück, nicht das Stammgrundstück maßgebend, von dem ein Teil veräußert werden soll (Richtlinien zu § 1 Abs. 3). In der Regel kann also von einem größeren Grundstück eine Teilfläche, die kleiner ist als 1/2 bzw. 1/4 Hektar, ohne Genehmigung veräußert werden. Das trifft jedoch nur zu, solange es sich um eine einmalige Abtrennung einer Teilparzelle von einem größeren Grundstück handelt. Werden dagegen von einem Grundstück mehrere Teilparzellen veräußert, die jede für sich unter dieser Mindestgrenze liegen, so sind diese Verträge genehmigungspflichtig, wenn die Veräußerung mehrerer derartiger Teile eine nach einem einheitlichen Plan angelegte Zerschlagung eines an sich über der Mindestgrenze liegenden Grundstücks erkennen läßt (Richtlinien zu § 1 Abs. 3). Eine derartige Grundstückszerschlagung liegt immer vor, wenn nach Abzweigung der Teilfläche auch das Restgrundstück bereits unter die Mindestgrenze sinkt. Sie ist aber auch dann gegeben, wenn zwar das Restgrundstück noch die Mindestgrenze überschreitet, aber mehrere an sich nicht genehmigungspflichtige Teilflächen abveräußert werden sollen. Es ist daher nicht möglich, durch ein sog. Kettengeschäft die Genehmigungspflicht zu umgehen. Die nach einheitlichem Plan durchgeführte Grundstückszerschlagung ist bei derartigen Geschäften nicht immer von vornherein zu erkennen. Deshalb kann gemäß § 6 GVB. das Grundbuchamt auf Antrag der Genehmigungsbehörde oder von Amts wegen bei bereits vorgenommenen Eintragungen einen Widerspruch ins Grundbuch eintragen, und dadurch weitere Rechtsgeschäfte erschweren oder die Beteiligten zwingen, die Genehmigung nachträglich einzuholen (vgl. Anm. 3 zu § 6). Es genügt auch nicht, daß bei einem derartigen Kettengeschäft die Genehmigung zu dem letzten Vertrage eingeholt wird. Hierdurch wird nur der letzte Vertrag wirksam. Für die übrigen nach dem einheitlichen Plan abgeschlossenen Ver-

träge muß ebenfalls die Genehmigung eingeholt werden, wenn sie rechtsbeständig sein sollen (RG. 129, 150).

Ein Kettengeschäft liegt ebenfalls vor, wenn mehrere landwirtschaftliche Grundstücke, die zusammen eine wirtschaftliche Einheit bilden (vgl. § 1 Anm. 3), in der Form veräußert werden sollen, daß die einzelnen, für sich nicht genehmigungsbedürftigen Grundstücke übertragen werden.

Die vorstehend bei Kaufverträgen entwickelten Grundsätze sind sinngemäß auch auf Pachtverträge anzuwenden, weil auch hier die Gefahr besteht, daß durch Aufteilung in Teilflächen die Genehmigungspflicht umgangen werden könnte. In der Regel wird man allerdings bei Pachtverträgen dieser Gefahr begegnen können, indem man durch Feststellung der einheitlichen Verwaltung oder sonstigen einheitlichen Bewirtschaftung derartiger Grundstücke die Anwendung der GVB. herbeiführt (vgl. § 1 Anm. 3, S. 21).

Eine Ausnahmeregelung bei Veräußerung von Teilflächen bestand für die Zeit vom 1. 2.—30. 4. 1937 in den Regierungsbezirken Lüneburg, Stettin und Potsdam, in denen die Mindestgrenze auf 5 Hektar festgesetzt ist. Hier ist durch die inzwischen aufgehobene Ausführungsbestimmung vom 26. 1. 1937 (Anhang Nr. 3) angeordnet, daß die Mindestgrenze bei 2 Hektar verbleibt, wenn es sich um Teile eines über 5 Hektar großen Grundstücks handelt. In diesen Gebieten trat also bei Abverkäufen von Teilflächen die Genehmigungspflicht ein, sobald die zu veräußernde Teilfläche die Größe von 2 Hektar erreichte, obwohl die Mindestgrenze erst bei 5 Hektar liegt.

Die genehmigungspflichtigen Rechtsgeschäfte.

§ 2

(1) Die Auflassung eines Grundstücks oder die Bestellung eines dinglichen Rechts, das zum Genuß der Erzeugnisse eines Grundstücks berechtigt, bedarf zu ihrer Wirksamkeit der Genehmigung der zuständigen Behörde (Genehmigungsbehörde). Das gleiche gilt für jede Vereinbarung, die den Genuß der Erzeugnisse oder die Verpflichtung zur Übereignung eines Grundstücks zum Gegenstand hat.

(2) Wird das Verpflichtungsgeschäft genehmigt, so gilt die Genehmigung auch für das diesem Verpflichtungsgeschäft entsprechende Erfüllungsgeschäft als erteilt.

(3) Bei der Veräußerung eines Grundstücks im Wege der Zwangsversteigerung bedarf das Gebot der Genehmigung. Die Vorschrift im § 71 des Zwangsversteigerungsgesetzes

findet Anwendung. In den Fällen des § 81 Abs. 2 und 3 des Zwangsversteigerungsgesetzes darf der Zuschlag an einen anderen als den Meistbietenden nur erteilt werden, wenn dieser andere die Genehmigung beigebracht hat.

(4) Die Genehmigung kann unter Auflagen erteilt werden.

(5) Vor Erteilung oder Versagung der Genehmigung ist der zuständige Kreisbauernführer zu hören.

1. § 2 legt den **Kreis der genehmigungspflichtigen Rechtsgeschäfte** fest. Der Genehmigung bedürfen dingliche und obligatorische Rechtsgeschäfte der hier genannten Art und die Abgabe von Geboten im Zwangsversteigerungsverfahren. Die Genehmigungspflicht der Gebote bei Zwangsversteigerungen ist neu eingeführt, während der Kreis der übrigen genehmigungspflichtigen Rechtsgeschäfte derselbe ist wie bei der Bundesratsbekanntmachung vom 15. 3. 1918.

2. **Die Auflassung,** d. h. die rechtsgeschäftliche Übertragung des Eigentums an einem land- oder forstwirtschaftlichen Grundstück bedarf in erster Linie der behördlichen Genehmigung. Das Grundbuchamt hat von Amts wegen zu prüfen, ob bei einer Auflassung oder Eintragung im Grundbuch die behördliche Genehmigung erforderlich ist. Es hat in Zweifelsfällen eine Entscheidung der Genehmigungsbehörde gemäß § 4 GVB. herbeizuführen oder durch Zwischenverfügung nach § 18 GBO. von dem Antragsteller die Vorlage des Genehmigungsbescheides zu verlangen. Das Grundbuchamt darf eine Auflassung nicht durch Eintragung des Eigentumsübergangs im Grundbuch vollziehen, wenn die behördliche Genehmigung fehlt, weil dieser Auflassung ein gesetzliches Verbot entgegensteht (§ 134 BGB.). Durch eine trotzdem vorgenommene Eintragung wird das Grundbuch unrichtig. In diesem Fall hat das Grundbuchamt entweder von Amts wegen (§ 53 GBO.) oder auf Ersuchen der Genehmigungsbehörde einen Widerspruch gegen die Richtigkeit des Grundbuches einzutragen (siehe Anm. 2 und 3 zu § 6). Die Genehmigung hat aber rückwirkende Kraft, so daß die ohne Genehmigung erfolgte Auflassung und Eintragung durch eine nachträgliche Genehmigung rückwirkend geheilt und mithin wirksam werden (RG. 108, 94; 123, 327; 125, 56; 138, 287). Ist aber, bevor die Genehmigung wirksam wurde, die Eintragung des Eigentums des Erwerbers erfolgt und darauf diese Eintragung im Wege der Grundbuchberichtigung wieder rückgängig gemacht worden, so bedarf es zum Übergang des Eigentums auf den Erwerber dessen erneuter Eintragung als Eigentümer. Eine bloße Rückberichtigung des Grundbuchs ist nicht möglich (RG. 131, 97). Vor der Genehmigung kann der Erwerber rechtswirksam auch nicht über das Grundstück verfügen.

Die Rückwirkung der behördlichen Genehmigung ändert aber nichts an der Unwirksamkeit einer vom Erwerber während der Schwebezeit gegenüber dem Hypotheken- oder Grundschuldgläubiger ausgesprochenen Kündigung des Kapitals, wenn der Gläubiger sie damals zurückgewiesen hat (RG. 141, 220).

Allerdings wird eine Genehmigung der Auflassung praktisch kaum vorkommen. Während nämlich nach der alten Bundesratsbekanntmachung Verpflichtungsgeschäft und Erfüllungsgeschäft (Kaufvertrag und Auflassung) der Genehmigung bedurften, gilt nach § 2 Abs. 2 GVB. die Genehmigung für die Auflassung als erteilt, wenn der Kaufvertrag genehmigt ist. Da aber nach § 2 der VO. über Auflassungen vom 11. Mai 1934 (RGBl. I S. 378) Auflassungen nur vorgenommen werden dürfen, wenn der schuldrechtliche Veräußerungsvertrag vorgelegt oder gleichzeitig errichtet wird, wird die Genehmigung praktisch immer zu dem Kaufvertrag eingeholt werden müssen.

Daraus, daß nur der Eigentumserwerb durch Auflassung für genehmigungspflichtig erklärt wird, folgt, daß ein kraft Gesetzes ohne Auflassung erfolgender Eigentumsübergang an land- und forstwirtschaftlichen Grundstücken nicht genehmigungspflichtig ist. Hierher gehören die Aneignung eines Grundstückes durch Aufgebotsverfahren (§ 927 BGB.), der Eigentumserwerb kraft Ersitzung durch den als Eigentümer eingetragenen Nichteigentümer (§ 900 BGB.) und als wichtigste gesetzliche Erwerbsart der Erwerb durch eheliche Gütergemeinschaft (§§ 1438 Abs. 2, 1485 Abs. 3, 1519 Abs. 2 BGB.) und der Erwerb durch Erbfolge (§ 1922 BGB.).

Wenn der kraft Gesetzes eintretende Eigentumserwerb an land- und forstwirtschaftlichen Grundstücken im Erbgang von der GVB. nicht betroffen wird, bleiben auch Testamente und Erbverträge über solche Grundstücke unberührt, weil diese Rechtsgeschäfte an dem gesetzlichen Eigentumserwerb nichts ändern. Es besteht auch keine Veranlassung, die Zuwendung landwirtschaftlichen Bodens durch Vermächtnis für genehmigungspflichtig zu erklären, weil die Vermächtnisanordnung keine dingliche Wirkung hat, vielmehr nur einen schuldrechtlichen Anspruch auf Übertragung des vermachten Grund und Bodens erzeugt (§ 2174 BGB.). Wird aber nach Eintritt des Erbfalls von dem Erben die Erfüllung des Vermächtnisses verlangt, so bedarf es zum Eigentumsübergang einer Auflassung (OLG. 39, 217), und diese Auflassung oder das ihr zugrundegelegte Verpflichtungsgeschäft bedarf der behördlichen Genehmigung. Ebenso Predari S. 440.

Einer Auflassung bedarf es nicht, wenn ein Miterbe nach § 2033 BGB. über seinen Anteil an einem Nachlaß verfügt, zu dem Grundstücke gehören, auch dann nicht, wenn ein

Miterbe sämtliche Anteile der übrigen Miterben erwirbt und damit Alleineigentümer der Grundstücke wird (Komm.RGR. Anm. 2 und 4 § 925). Besteht der Nachlaß in land- oder forstwirtschaftlichen Grundstücken, so ist in einem derartigen Fall für eine Genehmigung der Auflassung nach der GVB. kein Raum, weil es einer Auflassung überhaupt nicht bedarf. Wohl aber sind derartige Verträge unter Miterben nach § 2 Abs. 1 S. 2 GVB. genehmigungspflichtig, weil solche Verträge die Verschaffung des Genusses der Erzeugnisse dieser Nachlaßgrundstücke zum Gegenstand haben. Dem Erwerber der übrigen Erbanteile stand zwar als Miterbe bereits ein Anspruch auf die Erzeugnisse zu, aber doch nur in Gemeinschaft mit den übrigen Miterben. Wenn er nunmehr durch einen Vertrag nach § 2033 BGB. Alleineigentümer des Grundstücks wird und damit in den unbeschränkten und unmittelbaren Genuß seiner Erzeugnisse gelangt, so ist die Genehmigungspflicht für solche Verträge gegeben (A. A. KG. vom 14. 5. 1926 in JR. 1926, 1391).

Bei einer Erbauseinandersetzung über ein landwirtschaftliches Grundstück ist die Auflassung erforderlich, wenn es einem der Erben allein übertragen werden soll. Diese Auflassung bedarf wie auch der ihr zugrundeliegende Erbauseinandersetzungsvertrag der Genehmigung.

Auch ein Erbschaftskauf über landwirtschaftliche Grundstücke ist genehmigungspflichtig. Hier ist immer Auflassung erforderlich, weil der Erbschaftskauf keine dingliche Wirkung hat, sondern nur einen schuldrechtlichen Anspruch auf Übereignung der Grundstücke erzeugt (§ 2374 BGB.).

In diesem Zusammenhang sind ferner Rechtsvorgänge zu erwähnen, die bei der Einbringung eines Grundstücks in eine juristische Person oder Personenvereinigung oder beim Ausscheiden eines Grundstücks aus einem solchen Verbande einen Eigentumswechsel teils ohne Auflassung, teils auch ohne Eintragung herbeiführen. Im einzelnen auf diese Rechtsgeschäfte einzugehen erübrigt sich, da sie sich selten auf land- oder forstwirtschaftliche Grundstücke beziehen werden. Soweit das aber der Fall ist, ist grundsätzlich daran festzuhalten, daß eine Auflassung auch hier genehmigungspflichtig ist, und, wenn eine Auflassung nicht erforderlich ist, der die Eigentumsänderung bewirkende Vertrag, sobald der Vertrag den Genuß der Erzeugnisse eines land- oder forstwirtschaftlichen Grundstücks zum Gegenstand hat.

3. **Dingliche Rechte zum Genuß der Erzeugnisse eines Grundstücks.** Nach § 2 GVB. bedarf ferner die Bestellung eines dinglichen Rechts, das zum Genuß der Erzeugnisse eines Grundstücks berechtigt, der Genehmigung der zuständigen Behörde.

Als ein solches dingliches Recht fällt das Erbbaurecht nicht unter die GVB., da es nur das Recht verleiht, auf oder unter dem betreffenden Grundstück ein Bauwerk zu haben (§ 1 der VO. über Erbbaurecht vom 15. 1. 1919 RGBl. S. 72). Zwar ist es möglich, das Erbbaurecht auch auf den nicht für das Bauwerk erforderlichen Grundstücksteil zu erstrecken, wenn das Bauwerk wirtschaftlich die Hauptsache bleibt, so daß in geringem Umfange auch landwirtschaftlich genutzte Flächen (Obstgärten) unter Erbbaurecht fallen können. Gleichwohl ist die Bestellung oder Übertragung eines Erbbaurechts nicht genehmigungspflichtig, weil es in erster Linie zum Haben eines Bauwerks und nicht zum Genuß der Früchte eines Grundstücks berechtigt (OLG. 41, 167).

Die Bestellung oder Übertragung eines Erbpacht-, Büdnerei- oder Häuslerrechtes, soweit eine solche überhaupt noch möglich ist, wird von der GVB. betroffen, weil diese Rechte zum Genuß der Erzeugnisse eines Grundstücks berechtigen. Nach Art. 63 EGBGB. können derartige Rechte landesrechtlich fortbestehen und neu begründet werden, soweit sie bei Inkrafttreten des BGB. bestanden. Derartige Rechte sind durch Landesgesetze aufrechterhalten worden in Mecklenburg, Lübeck und Thüringen. In den übrigen Gebietsteilen des Deutschen Reiches gibt es dingliche Erbpachtrechte nicht.

Der praktisch wichtigste Fall der genehmigungspflichtigen Bestellung eines dinglichen Rechts ist die Begründung des Nießbrauchs nach § 1030 BGB., der das umfassendste dingliche Nutzungsrecht an einem land- und forstwirtschaftlichen Grundstück gewährt. Die Bestellung des Nießbrauchs bedarf zu ihrer Wirksamkeit immer der behördlichen Genehmigung, wenn das betreffende Grundstück die gesetzliche Mindestgrenze erreicht. Auch die Überlassung des Nießbrauches an einen andern nach § 1059 BGB. ist genehmigungspflichtig.

Die Begründung von Grunddienstbarkeiten und beschränkten persönlichen Dienstbarkeiten ist nicht genehmigungspflichtig. Dienstbarkeiten berechtigen zur Benutzung des dienenden Grundstücks nur in einzelnen Beziehungen, gewähren also kein Recht zum Genuß der gesamten Erzeugnisse eines Grundstückes. § 2 GVB. erfordert aber, daß das genehmigungspflichtige dingliche Recht „zum Genuß der Erzeugnisse eines Grundstückes“, d. h. aller landwirtschaftlichen oder forstwirtschaftlichen Erzeugnisse berechtigen muß. Die Genehmigungspflicht ist daher bei Bestellungen von Dienstbarkeiten zu verneinen.

Schließlich ist die Einräumung eines dinglichen Vorkaufsrechts frei von der behördlichen Genehmigung, da das Vorkaufsrecht kein Recht zum Genuß der Erzeugnisse begründet, sondern lediglich die Möglichkeit bietet, auf Grund eines mit einem Dritten abgeschlossenen Kaufvertrages Eigentümer eines Grundstücks zu werden. Allerdings bedarf die dahingehende Erklärung des Vorkaufsberechtigten der Genehmigung, auch wenn der Kaufvertrag mit dem Dritten bereits genehmigt ist, weil durch diese Erklärung das Grundstück aufs neue in den Verkehr gelangt. Während des Schwebezustandes bis zur Entscheidung der Verwaltungsbehörde ist die Ausübung eines Vorkaufsrechts unzulässig, da noch kein wirksamer Kaufvertrag vorliegt (RG. 114, 158).

4. **Vereinbarungen über den Genuß der Erzeugnisse.** Die am meisten vorkommenden genehmigungspflichtigen Rechtsgeschäfte sind nicht die zu bestellenden dinglichen Rechte, sondern die im § 2 Abs. 1 S. 2 genannten Verträge, die den Genuß der Erzeugnisse oder die Verpflichtung zur Übereignung eines Grundstückes zum Gegenstand haben.

Vereinbarungen, die den Genuß der Erzeugnisse eines land- oder forstwirtschaftlichen Grundstücks zum Gegenstand haben, sind Pachtverträge und Verträge, in denen die Nutzung eines solchen Grundstücks unentgeltlich überlassen wird. Hierher gehören ferner Vereinbarungen, auf Grund deren jemandem gegen Leistung bestimmter Dienste der unmittelbare Genuß der Erzeugnisse eines Grundstücks eingeräumt wird. Alle derartigen Verträge unterliegen der GVB., auch wenn sie nur auf ein Jahr abgeschlossen sind. Sind sie auf kürzere Zeit abgeschlossen, so geben sie regelmäßig keine Befugnis zum Genuß der Früchte; damit entfällt die Genehmigungspflicht. In Ausnahmefällen kann aber auch bei Überlassung von Acker oder Forstflächen auf weniger als ein Jahr eine Genehmigung erforderlich sein, nämlich dann, wenn die Zeit der Gebrauchsüberlassung mit der Fruchtziehung zusammenfällt. Wird also z. B. ein 5 Hektar großes Roggenfeld durch Vereinbarung jemandem lediglich zum Abernten überlassen, so liegt ein genehmigungspflichtiger Grundstücksverkehr vor, weil hier der volle Genuß der Erzeugnisse gewährt wird. Das gilt nicht für die Pfändung und Versteigerung von Feldfrüchten auf dem Halm nach § 810 ZPO., weil hier keine rechtsgeschäftliche Vereinbarung über den Genuß der Erzeugnisse vorliegt, die GVB. aber nur die Zwangsversteigerung von Grundstücken Beschränkungen unterworfen hat (§ 2 Abs. 3).

Pachtverträge oder pachtähnliche Verträge sind auch genehmigungspflichtig, wenn sie mündlich abgeschlossen sind. Nach §§ 581, 566 BGB. gelten derartige Verträge übrigens als auf unbestimmte Zeit abgeschlossen. Einer Genehmigung bedarf auch die Verlängerung solcher Verträge und die Abänderung wesentlicher Vertragsbestimmungen während der Laufzeit, nicht aber die entgeltliche Aufhebung des Pachtvertrages. Als Änderung wesentlicher Vertragsbestimmungen ist nach § 5 Ziffer 5 der GVB. eine Änderung des Pachtpreises anzusehen. Das gilt aber nur für die rechtsgeschäftliche Abänderung des Preises. Eine auf Grund der Pächterschutzgesetzgebung durch ein Pachteinigungsamt vorgenommene Ermäßigung oder Verlängerung der Pacht braucht zu ihrer Wirksamkeit keine Genehmigung, weil sie durch staatlichen Hoheitsakt, nicht durch Rechtsgeschäft geschieht. Angemerkt sei in diesem Zusammenhang als Ausnahme, daß Pachtverträge zwischen Ehegatten oder Personen, die untereinander in grader Linie verwandt oder verschwägert oder in der Seitenlinie im zweiten Grade verwandt sind gemäß § 3 Ziffer 5 überhaupt genehmigungsfrei sind (vgl. Anm. 6 zu § 3).

Keiner Genehmigung bedürfen selbstverständlich Anbau- und Lieferungsverträge über Zuckerrüben, Kartoffeln, Gemüse usw., die mit Zuckerrübenfabriken, Stärkefabriken, Konservenfabriken und anderen Unternehmungen geschlossen werden. Das gleiche gilt für Saatgutvermehrungsverträge und für Verträge, nach denen jemand fremdes Vieh auf seine Weide nimmt. Wenn ein Waldbesitzer das von ihm selbst zu schlagende Holz verkauft, so ist das genehmigungsfrei (RG. 120, 165). Dagegen bedürfen Verträge, nach denen Holzbestände zur Abholzung durch den Käufer veräußert werden, der Genehmigung, weil sich hier der Käufer selbst in den Genuß der Erzeugnisse setzt (RG. 109, 194). Mit der Frage, ob ein Kommissionsvertrag über das im Walde des Kommittenten zu schlagende Holz genehmigungspflichtig ist, hat sich RG. 130, S. 94 auseinandergesetzt und sie bejaht.

5. **Vereinbarungen über die Verpflichtung zur Übereignung eines Grundstücks.** Das zweite wichtigste Anwendungsgebiet der GVB. sind alle Verträge, die eine Verpflichtung zur Übereignung eines Grundstücks enthalten, d. h. alle Rechtsgeschäfte, die nach § 313 BGB. der notariellen oder gerichtlichen Beurkundung bedürfen. Hierher gehören alle Kauf-, Tausch- und Schenkungsverträge über land- und forstwirtschaftliche Grundstücke. Auch Erbauseinandersetzungsverträge und Erbschaftskäufe sind genehmigungspflichtig, wie oben S. 31 näher ausgeführt worden ist.

Besonders zu nennen sind hier die Gutsüberlassungsverträge, die auch nicht mehr zwischen Verwandten von der Genehmigungspflicht befreit sind, wie es nach der Bundesratsbekanntmachung vom 15. 3. 1918 der Fall war. Das ergibt sich aus § 3 Ziffer 5 GVB. Diese Übergabeverträge, die bei den Erbhöfen in der Regel die Generationenfolge auf dem Hof bewirken, sind auch bei den Besitzungen unter und über Erbhofgröße in allen Gegenden gebräuchlich. Es ist nicht beabsichtigt, durch die Einführung der Genehmigungspflicht in diese Übergabeverträge selbst einzugreifen; das stellen die Richtlinien ausdrücklich fest:

„Wenn auch durch die Ziffer 5 des Absatzes 1 sämtliche Rechtsgeschäfte zwischen Ehegatten und Verwandten, sofern es sich um die Veräußerung eines Grundstücks handelt, genehmigungspflichtig geworden sind, so ist damit nicht beabsichtigt, in die sog. Übergabeverträge, d. h. in Verträge, die im Wege der vorweggenommenen Erbfolge den landwirtschaftlichen Betrieb geschlossen in die Hand des Ehegatten oder eines Verwandten überführen, einzugreifen. Der Übergabevertrag wird also in der Regel ohne Ermittlungen zu genehmigen sein. Die Genehmigung wird aber in all den Fällen zu versagen sein, in denen die Auseinandersetzung über ein land- oder forstwirtschaftliches Grundstück ohne Rücksicht auf die Grundgedanken des Erbhofrechts durchgeführt wird."

Die Genehmigungsbehörde hat also bei der Nachprüfung der Gutsüberlassungsverträge großzügig zu verfahren.

Zu dieser Gruppe gehören ferner die oben S. 31 erwähnten Rechtsgeschäfte bei juristischen Personen und Gesellschaften, wenn damit die Verpflichtung zur Übereignung eines landwirtschaftlichen Grundstücks verbunden ist oder durch einen Wechsel der Anteile das Grundstück in andere Hände gelangt. So ist ein Kaufvertrag über sämtliche Kuxe einer Gewerkschaft, deren Vermögen nur im Eigentum an einem landwirtschaftlichen Grundstück bestand, für genehmigungspflichtig erklärt worden (RG. 113, 163). Entsprechend ist ein Verkauf von Anteilen einer G. m. b. H., deren Vermögen in der Hauptsache ein Landgut bildet, genehmigungspflichtig, weil ein solcher Vertrag praktisch dieselbe Wirkung hat, wie die Übertragung eines ideellen Eigentumanteils an einem Landgut, die ohne Zweifel der Genehmigung bedarf. Selbstverständlich bedarf die Änderung des Sitzes oder der Firmenbezeichnung einer juristischen Person keiner Genehmigung (JRG. 52, 157).

Genehmigungspflichtig sind ferner Verträge, die die Bindung an ein Verkaufsangebot zum Gegenstand haben (RG. 116, 167), sowie einseitige Kaufangebote mit Bindungsfrist (RG. 127, 365), weil diese Rechtsgeschäfte in ihrer Wirkung einem Kaufvertrag gleichkommen. Das gleiche gilt für die Erteilung einer für gewisse Zeit unwiderruflichen Verkaufsvollmacht an einen Grundstücksvermittler (RG. 132, 287). Verträge, in denen das Grundstück auf einen noch zu benennenden Dritten übergehen soll, können nicht genehmigt werden, weil sie durch die Unbestimmtheit des Erwerbers eine Kontrolle des Grundstücksverkehrs verhindern.

Grundstücksüberlassungsverträge, die zur Umgehung der behördlichen Genehmigung so gestaltet werden, daß eine Genehmigung nicht erforderlich erscheint, sind nichtig. (RG. in RdRN. 34, S. 516).

6. Nach Abs. 2 gilt die **Genehmigung des Verpflichtungsgeschäftes gleichzeitig für das Erfüllungsgeschäft.** Das ist eine Vereinfachung gegenüber der Bundesratsbekanntmachung vom 15. 3. 1918, die eine Genehmigung für das obligatorische und das dingliche Rechtsgeschäft, also für Kaufvertrag und Auflassung erforderte. Wenn jetzt die zuständige Behörde den Kaufvertrag genehmigt hat, gilt damit ohne weiteres auch die zur Eigentumsübertragung erforderliche Auflassung als genehmigt. Daraus folgt, daß die Genehmigungsbehörde zu dem Erfüllungsgeschäft nicht nachträglich eine andere Stellung einnehmen kann, indem sie dieses z. B. nur unter Auflagen genehmigt, nachdem das zugrunde liegende Verpflichtungsgeschäft ohne Auflagen genehmigt ist. Umgekehrt gilt eine dem dinglichen Rechtsgeschäft erteilte Genehmigung gleichzeitig auch für das Verpflichtungsgeschäft, das ihm entspricht.

7. **Die Bedeutung der Genehmigung für die Verträge.** Die von der GVB. betroffenen Rechtsgeschäfte sind ohne die behördliche Genehmigung unwirksam. Das hindert jedoch nicht, daß sie schon vor der Erteilung der Genehmigung abgeschlossen werden. Daher kann in einem Kaufvertrag gleichzeitig die zu seiner Durchführung erforderliche Auflassung erklärt werden, ohne daß erst zu dem Kaufvertrag die Genehmigung eingeholt werden muß. Das Grundstück kann auch dem Käufer vor der Genehmigung bereits übergeben werden, doch muß die erforderliche Genehmigung in diesem Fall binnen 3 Monaten eingeholt werden, da sonst eine Bestrafung nach § 9 GVB. droht.

Bis zur Erteilung der Genehmigung befinden sich diese Rechtsgeschäfte in einem Schwebezustand. Wird die Genehmigung versagt, so wird das Rechtsgeschäft endgültig unwirksam. Wird die Genehmigung erteilt, so wird das Rechtsgeschäft voll wirksam und zwar von Anfang an. Die Genehmigung hat rückwirkende Kraft; ihre Wirksamkeit ist auf den Tag der Vornahme des Rechtsgeschäfts zurückzubeziehen (RG. 108, 94; 123, 327; 125, 53). Die Rückwirkung der Genehmigung ist damit zu begründen, daß durch dieselbe feststeht, daß die Rechtsgeschäfte den Anforderungen der GVB. genügen, so daß kein Grund vorhanden ist, den Willen der Vertragsparteien anders zur Durchführung kommen zu lassen als diese es vereinbart haben, nämlich, daß das Rechtsgeschäft vom Zeitpunkt seines Abschlusses ab wirken soll. Die Versagung der Genehmigung bestätigt dagegen die Schädlichkeit des Rechtsgeschäfts, so daß es als von Anfang an als nichtig anzusehen ist, da es nicht im Willen des Gesetzgebers liegen kann, daß derartige gemeinschädliche Rechtsgeschäfte während der Schwebezeit bis zur Entscheidung der Genehmigungsbehörde irgendwelche Rechtswirkungen ausüben sollen (Staudinger, Anm. 67 zu § 925 BGB.).

Während dieses Schwebezustandes sind die Parteien an die Vereinbarungen gebunden. Vor der rechtskräftigen Erteilung oder Versagung der Genehmigung ist eine einseitige Auflösung des Vertrages nicht möglich (RG. 103, 104). Bis dahin besteht eine gewisse gegenseitige Treuepflicht der Parteien, das zur Erlangung der Genehmigung Erforderliche zu tun und alles zu unterlassen, was der Genehmigung entgegenwirken könnte (RG. 115, 38). Eine Handlung, die die Entscheidung der Genehmigungsbehörde gegenstandslos macht, oder eine Verletzung dieser Treuepflicht kann schadenersatzpflichtig machen. Ein Antrag auf behördliche Genehmigung kann wohl zurückgenommen werden, aber nicht einseitig von einer Partei (RG. 130, 407). Die Bindung der Parteien besteht bis zur endgültigen Versagung der Genehmigung. Über das Verhalten bei Erfüllung behördlicher Auflagen siehe Anm. 9.

Einen Anspruch auf Erfüllung der gegenseitigen Leistungen können die Parteien erst nach erfolgter Genehmigung geltend machen, allerdings dann mit Wirkung vom Zeitpunkt des Abschlusses des Vertrages (RG. 98, 245). Eine Klage auf Feststellung eines an sich zulässigen aber noch der behördlichen Genehmigung bedürfenden Verpflichtungsgeschäftes über einen Grundstückskauf ist zulässig, da hier der Richterspruch dem vor der Genehmigungsbehörde zu verfolgenden Antrage die gesetzliche Grundlage durch die Feststellung des Bestehens des Vertrages geben soll (RG. 121, 141).

Die im § 2 Abs. 1 S. 2 GVB. genannten Verpflichtungsgeschäfte können erst nach Abschluß des Vertrages genehmigt werden. Unverbindliche Vertragsentwürfe oder Vorverträge sind nicht genehmigungsfähig und werden von den Genehmigungsbehörden zurückgewiesen werden müssen, weil durch die Genehmigung der Vertrag voll wirksam wird, und diese daher einen formgültigen, verbindlichen Vertrag voraussetzt. Es ist daher unerläßlich, daß der Behörde verbindliche Verträge, die den gesetzlichen Formerfordernissen genügen, zur Genehmigung vorgelegt werden. Alle mit der Beurkundung oder Abfassung solcher Verträge beschäftigten Stellen haben deshalb die Vertragsparteien auf die Genehmigungspflicht ausdrücklich hinzuweisen und sie über die hieraus sich ergebende Rechtslage zu belehren. Sie werden zweckmäßig für den Fall der Versagung der Genehmigung eine Regelung der Vertragskosten vornehmen und mit Rücksicht auf die Strafbestimmungen des § 9 bei vorweggenommener Übergabe des Grundstücks die Rückgabe regeln.

Schwierig ist die Behandlung von Grundstückskaufverträgen, die falsche Angaben enthalten. Diese sog. Schwarzkäufe haben vielfach die Rechtsprechung beschäftigt. Hierbei handelte es sich in der Regel um notarielle Grundstücksverkäufe, die nach der Bundesratsbekanntmachung vom 15. 3. 1918 oder nach dem preußischen Grundstücksverkehrsgesetz vom 10. 2. 1923 einer behördlichen Genehmigung bedurften und bei denen der Kaufpreis zur Ersparung von Steuern und Kosten niedriger angegeben war als tatsächlich vereinbart. Derartige Schwarzkäufe kamen zahlreich in der Inflationszeit vor. Für den Bereich der GVB. ist hierzu folgendes zu sagen. Ist in einem Kaufvertrag über ein land- oder forstwirtschaftliches Grundstück der Kaufpreis falsch angegeben, so ist die zu diesem Vertrage erteilte behördliche Genehmigung unwirksam, da der Kaufvertrag selbst als Scheingeschäft nichtig ist (§ 117 BGB.) und ein nichtiges Rechtsgeschäft durch die behördliche Genehmigung keine Wirksamkeit erlangen kann, weil nicht die Genehmigung für sich allein Rechtswirkung auslöst, sondern nur in Verbindung mit einem gültigen Kaufvertrag. Ist auf Grund des nichtigen Kaufvertrags die Auflassung des Grundstücks erfolgt, so ist auch die Auflassung unwirksam, weil ihr die behördliche Genehmigung fehlt, denn die dem Kaufvertrag erteilte Genehmigung kann sich nicht auf die Auflassung erstrecken, weil sie selbst unwirksam ist. Der durch den Scheinvertrag verdeckte mündliche Kaufvertrag ist wegen Formmangels nichtig (§ 313. S. 1 BGB.). Eine Heilung dieses Formmangels nach § 313 S. 2 BGB. ist nicht eingetreten, weil eine wirksame Auflassung nicht zustande kommen konnte, da der mündliche Kaufvertrag nicht genehmigt ist, und damit auch die behördliche Genehmigung für die Auflassung fehlt. Nach § 2 GVB. kann aber die Genehmigung für die Auflassung gesondert erteilt werden. Daher kann ein Käufer, der auf Grund eines Scheinvertrages mit ungültiger Genehmigung als Eigentümer ins Grundbuch eingetragen wurde, nachträglich um die Genehmigung der unwirksamen Auflassung bitten oder auch um die Genehmigung des im Kaufpreis berichtigten Vertrages [1]). Durch die Erteilung der Genehmigung wird dann die Auflassung und die Eintragung rechtswirksam. Ob in derartigen Fällen die Genehmigung nachträglich erteilt wird, liegt im Ermessen der Behörde. In der Regel werden derartige Anträge auf nachträgliche Genehmigung zurückgewiesen werden müssen, weil es im nationalsozialistischen Staat nicht angängig ist, daß Rechtsgeschäfte, die gegen ein gesetzliches Verbot verstoßen und mit Strafe bedroht sind, durch einen be-

---

[1]) Der Käufer kann nachträglich die Genehmigung eines um den Kaufpreis berichtigten Vertrages auch dann noch erbitten, wenn der Verkäufer wegen Fehlens der Genehmigung Rückauflassung verlangt (RG. 117, 23).

hördlichen Akt nachträglich sanktioniert werden. Bei solchen Verträgen werden daher die Vertragsparteien regelmäßig zur Einreichung neuer gültiger Verträge zu veranlassen sein.

Ist bei einem ungültigen Kaufvertrag nur die Auflassung selbst genehmigt worden, so sind damit alle Schwierigkeiten beseitigt, weil durch Genehmigung der Auflassung der mündliche Kaufvertrag mit dem richtigen Kaufpreis seinem ganzen Inhalt nach gültig wird, sobald Auflassung und Eintragung im Grundbuch erfolgt sind (§ 313 S. 2 BGB.). Hier erstreckt sich dann die Genehmigung der Auflassung auch auf das gültig gewordene Kausalgeschäft.

Wenn dagegen bei einem Schwarzkauf die Genehmigung sowohl zu dem notariellen Scheinvertrag als auch zu der Auflassung erteilt wird (ein Fall, der bei der GVB. nicht vorkommen dürfte, weil nach § 2 Abs. 2 die Genehmigung des Kaufvertrages zugleich für das Erfüllungsgeschäft als erteilt gilt), so ist hier die Auflassung und die Eigentumsübertragung als rechtswirksam anzusehen. Auszugehen ist von der Auflassung, die durch die besonders für sie erteilte Genehmigung wirksam geworden ist, weil sie von der Nichtigkeit des obligatorischen Scheingeschäfts nicht berührt wird. Durch die rechtsgültige Auflassung und Eintragung wird aber der durch den Scheinvertrag verdeckte mündliche Vertrag mit dem tatsächlichen Kaufpreis nach § 313 S. 2 BGB. von seinem Formmangel geheilt und seinem ganzen Inhalt nach gültig. Die in diesem Fall für die Auflassung wirksam erteilte behördliche Genehmigung gilt aber gleichzeitig für den gültig gewordenen mündlichen Kaufvertrag (A. A. RG. in JW. 1925, 2234).

Wird die Genehmigung zu einem Vertrage endgültig versagt (§§ 5, 7 GVB.), oder liegt ein nichtiges Scheingeschäft vor, so sind diese Verträge als von Anfang an nichtig anzusehen (siehe oben). Das hat zur Folge, daß die auf Grund derselben bereits bewirkten Leistungen wie Kaufpreis, Pachtzins, Übergabe des Landes usw. der Rückforderung wegen ungerechtfertigter Bereicherung (§§ 812 ff. BGB.) unterliegen oder auch nach den Vorschriften über die Ansprüche aus dem Eigentum (§§ 985 ff. BGB.) geltend gemacht werden können, vor allem, soweit es sich um die Auseinandersetzung über die inzwischen gezogenen Nutzungen und die darauf gemachten Verwendungen handelt. Wegen des Zurückbehaltungsrechts des zur Herausgabe des Grundstücks infolge nicht erteilter Genehmigung Verpflichteten wegen seiner Verwendungen auf das Grundstück vgl. OLG. Königsberg in JW. 1925 S. 2232.

8. **Genehmigungspflicht von Geboten in der Zwangsversteigerung.** Die Bundesratsbekanntmachung vom 15. 3. 1918 erstreckte sich nicht auf Zwangsversteigerungen land- und forstwirtschaftlicher Grundstücke. Die gegenteilige Auffassung von

Peters, S. 231, entspricht nicht dem Gesetz. Der Erwerb eines solchen Grundstückes in der Zwangsversteigerung war in keiner Weise beschränkt, so daß immer der jeweils Meistbietende den Zuschlag erhielt. Das führte vielfach zu einem unerwünschten Grundbesitzwechsel, vor allem als in der Krisenzeit die Zwangsversteigerung landwirtschaftlicher Grundstücke immer größeren Umfang annahm. Um den gesamten Grundstücksverkehr im Sinne nationalsozialistischer Bodenpolitik zu steuern, hat daher die GVB. auch die Zwangsversteigerungen einbezogen. Das ist in der Weise geschehen, daß die Abgabe von Geboten in der Zwangsversteigerung genehmigungspflichtig gemacht worden ist. Vgl. auch amtl. Begründung zur GVB. (Anhang Nr. 6).

Wer bei der Zwangsversteigerung eines land- oder forstwirtschaftlichen Grundstücks bieten will, bedarf dazu nach § 2 Abs. 3 GVB. der Genehmigung der zuständigen Behörde. Aus diesem Grunde muß das Vollstreckungsgericht bereits bei Einleitung des Versteigerungsverfahrens prüfen, ob die Gebote einer Genehmigung nach der GVB. bedürfen oder nicht. Bestehen Zweifel, ob das zu versteigernde Grundstück den Vorschriften der GVB. unterliegt, so hat die Vollstreckungsbehörde nach § 4 die Entscheidung der zuständigen Genehmigungsbehörde einzuholen, weil nur diese mit bindender Wirkung für alle Gerichte und Verwaltungsbehörden feststellen kann, ob eine Genehmigung nach dieser Bekanntmachung erforderlich ist oder nicht. Ist die Anwendung der GVB. festgestellt, so haben die Vollstreckungsbehörden während des ganzen Versteigerungsverfahrens darauf Rücksicht zu nehmen. Die AV. des Reichsjustizministers vom 4. 2. 1937 (Anhang Nr. 10) ordnet deshalb an, daß die Vollstreckungsbehörden den Genehmigungsbehörden von der Terminsbestimmung unverzüglich Mitteilung zu machen und daß sie bei der Terminsbekanntmachung auf das Erfordernis der vorherigen Einholung der Genehmigung hinzuweisen haben. Sie sollen ferner zwischen der Terminsbekanntmachung und dem Versteigerungstermin selbst einen für die Einholung der Genehmigung ausreichenden Zeitraum legen. Bei Versteigerungsterminen, die vor Inkrafttreten der GVB. anberaumt sind, sind neue Termine anzusetzen, bei denen die vorstehenden Anordnungen zu berücksichtigen sind.

Der Nachweis der Genehmigung muß im Versteigerungstermin geführt werden. Nach § 71 ZVG.[1]), der gemäß § 2

[1]) § 71 ZVG. lautet:

Ein unwirksames Gebot ist zurückzuweisen.

Ist die Wirksamkeit eines Gebots von der Vertretungsmacht desjenigen, welcher das Gebot für den Bieter abgegeben hat, oder von der Zustimmung eines anderen oder einer Behörde abhängig, so erfolgt die

Abs. 3 GVB. Anwendung findet, wird ein von der Zustimmung einer Behörde abhängiges Gebot zurückgewiesen, sofern nicht die Zustimmung bei dem Vollstreckungsgericht offenkundig ist oder durch eine öffentlich beglaubigte Urkunde sofort nachgewiesen wird. Die Genehmigungsbescheide müssen daher im Versteigerungstermin vorgelegt werden, wenn nicht das Gericht in anderer Weise, etwa durch unmittelbare Mitteilung der Genehmigungsbehörde, Kenntnis von der Genehmigung erlangt hat. Hat ein Bieter zwar die Genehmigung erhalten, kann er aber die Genehmigung im Termin nicht nachweisen und ist diese auch nicht beim Gericht offenkundig, so ist sein Gebot unwirksam und muß nach § 71 ZVG. zurückgewiesen werden. In einem solchen Fall kann daher die Genehmigung oder der Nachweis einer früher erfolgten Genehmigung auch nicht in der Beschwerdeinstanz nachgeholt werden (ebenso von Spreckelsen in DJ. 1937, S. 313).

Nach § 81 Abs. 2 und 3 des ZVG.[1]) kann der Meistbietende die Erklärung abgeben, daß er für einen Dritten geboten habe oder seine Rechte aus dem Meistgebot abtrete, was zur Folge hat, daß der Zuschlag dann dem Dritten erteilt werden muß. Um zu verhindern, daß auf diese Weise die Grundstücke unter Umgehung des Genehmigungszwangs an dritte Personen gelangen, bestimmt die GVB., daß der Zuschlag an einen anderen als den Meistbietenden nur erteilt werden darf, wenn dieser andere auch die Genehmigung beigebracht hat. In diesem Falle sind also zwei Genehmigungen erforderlich, eine für den Bieter in der Versteigerung und eine weitere für den Dritten, der die Rechte aus dem Meistgebot geltend macht.

Zurückweisung, sofern nicht die Vertretungsmacht oder die Zustimmung bei dem Gericht offenkundig ist oder durch eine öffentlich beglaubigte Urkunde sofort nachgewiesen wird.

[1]) § 81 ZVG. lautet:

Der Zuschlag ist dem Meistbietenden zu erteilen.

Hat der Meistbietende das Recht aus dem Meistgebot an einen anderen abgetreten und dieser die Verpflichtung aus dem Meistgebot übernommen, so ist, wenn die Erklärungen im Versteigerungstermin abgegeben oder nachträglich durch öffentlich beglaubigte Urkunden nachgewiesen werden, der Zuschlag nicht dem Meistbietenden, sondern dem andern zu erteilen.

Erklärt der Meistbietende im Termin oder nachträglich in einer öffentlich beglaubigten Urkunde, daß er für einen anderen geboten habe, so ist diesem der Zuschlag zu erteilen, wenn die Vertretungsmacht des Meistbietenden oder die Zustimmung des anderen entweder bei dem Gericht offenkundig ist oder durch eine öffentlich beglaubigte Urkunde nachgewiesen wird.

Wird der Zuschlag erteilt, so haften der Meistbietende und der Ersteher als Gesamtschuldner.

Das gilt selbstverständlich auch, wenn eine Teilabtretung des Rechtes aus dem Meistgebot erfolgt, und zwar sowohl bei einer Abtretung hinsichtlich des ideellen Anteils, als auch eines realen Teils des Grundstücks.

Ein ohne Genehmigung abgegebenes Gebot ist unwirksam und muß von der Vollstreckungsbehörde zurückgewiesen werden (§ 71 ZVG.). Einem solchen Gebot kann nicht der Zuschlag erteilt werden. Wenn aber das Gericht trotzdem einem derartigen Gebot den Zuschlag erteilt, so entsteht die Frage, ob der Zuschlag wirksam ist, und dem Ersteigerer das Eigentum an dem versteigerten Grundstück verschafft. Die Frage ist nach eingetretener Rechtskraft des Zuschlagsbeschlusses zu bejahen. Das folgt aus der Rechtsnatur des Zuschlages, der einen gerichtlichen Spruch darstellt, durch welchen das Eigentum an dem versteigerten Grundstück übertragen wird. Ist der Zuschlagsbeschluß rechtskräftig geworden, so steht er in seiner Wirkung einem richterlichen Urteil gleich und ist rechtswirksam ohne Rücksicht darauf, ob er mit dem Gesetz in Einklang steht oder grobe Rechtsverstöße enthält. Der Mangel der Genehmigung wird dann durch die Rechtskraft des Zuschlags geheilt. Dieser Fehler kann auch nicht etwa im Wege einer Klage geltend gemacht werden. Ebenso kann nach Rechtskraft des Zuschlagsbeschlusses die Genehmigungsbehörde keine Genehmigungsentscheidung mehr treffen, weil ein genehmigungspflichtiger Rechtsvorgang nicht mehr vorliegt (a. A. OVG. 33, S. 168; wie hier von Spreckelsen DJ. S. 313, der sich gegen diese Entscheidung wendet). Solange aber der Zuschlagsbeschluß noch nicht rechtskräftig ist, kann er im Wege der Beschwerde angefochten werden, wenn er auf ein nicht genehmigtes Gebot erteilt ist. Er muß dann aufgehoben werden, da das Gebot nach § 71 ZVG. unwirksam ist.

Nach § 63 ZVG. sind mehrere in demselben Verfahren zu versteigernde Grundstücke einzeln auszubieten. Daneben kann jeder Beteiligte verlangen, daß auch ein Gesamtausgebot oder ein Gruppenausgebot erfolgt. Wenn mehrere rechtlich selbständige Grundstücke, die zusammen eine Wirtschaftseinheit bilden, versteigert werden, besteht daher die Gefahr, daß durch Einzel- oder Gruppenausgebote praktisch eine Parzellierung einer landwirtschaftlichen Besitzung stattfinden kann. Werden in diesem Fall die Bietungsgenehmigungen schlechthin erteilt, so bestehen Zweifel, ob sie nur zu einem Gesamtausgebot gelten sollen, oder auch zu Einzelgeboten. Ist die Genehmigung ohne Einschränkung abgegeben, so wird man annehmen müssen, daß sie sich auf jede Art von Geboten bezieht, da davon auszugehen ist, daß die Genehmigungsbehörden diese Möglichkeit geprüft und als unbedenklich nicht besonders zum Ausdruck gebracht haben. Wenn aber die Zerschlagung eines einheitlichen landwirtschaftlichen

Grundstücks durch Einzelausgebote zu befürchten ist, so darf die Genehmigung nur zu dem Gesamtausgebot erteilt werden. Das muß in dem Genehmigungsbescheid klar zum Ausdruck kommen. Auf diese Weise können dann unerwünschte Einzel- oder Gruppenausgebote ausgeschlossen, und damit die Zertrümmerung eines Gutes verhindert werden. Bei dieser eingeschränkten Genehmigung handelt es sich nicht um eine Genehmigung unter einer Auflage, sondern um eine einfache Genehmigung, die sich von vornherein nur auf ein Gesamtausgebot beschränkt.

Auch die Gebote bei Grundstücksversteigerungen zum Zwecke der Aufhebung der Gemeinschaft sind genehmigungspflichtig. Denn hierbei handelt es sich um eine Zwangsversteigerung (§ 180 ZVG.). Das gleiche gilt bei einer Versteigerung eines Nachlaßgrundstücks auf Antrag der Erben (175 ZVG.), wenn auch zur Einleitung der Versteigerung ein Antrag der Beteiligten genügt. Daher muß auch der Miterbe eine Bietungsgenehmigung haben, der in der Versteigerung zum Zwecke der Aufhebung der Erbengemeinschaft an einem landwirtschaftlichen Grundstück mitbieten will.

Die Genehmigung zur Abgabe von Geboten kann auch unter Auflagen erteilt werden (vgl. hierzu die folgende Anmerkung).

9. **Genehmigung unter Auflagen.** Zur Verwirklichung einer nationalsozialistischen Bodenordnung genügt es nicht, daß unerwünschte Rechtsgeschäfte mit landwirtschaftlichen Grundstücken lediglich durch Versagung der Genehmigung verhindert werden. Es sind viele Fälle denkbar, in denen zwar das Rechtsgeschäft selbst erwünscht ist, aber nicht in der vorliegenden Form. Würde man hier die Genehmigung schlechthin versagen, so bleibt bei vielen Grundstücken ein ebenfalls unbefriedigender alter Zustand bestehen, ohne daß die Möglichkeit bestände, die Vertragsparteien zu einer Änderung dieses Zustands zu zwingen. Das Gesetz hat daher im § 2 Abs. 4 bestimmt, daß die Genehmigung auch unter Auflagen erteilt werden kann und hat ferner im § 9 die Nichterfüllung behördlicher Auflagen unter Strafe gestellt.

Die Genehmigung unter Auflagen wird in vielen Fällen ein wirksames Mittel sein, um die Grundsätze nationalsozialistischer Bodenpolitik im Grundstücksverkehr zu verwirklichen. Zu der Genehmigung unter Auflagen führen die Richtlinien aus:

„Wie im § 2 festgelegt, kann die Genehmigung auch unter Auflagen erteilt werden. Die Auflagen sind jedoch ebensowenig wie die Erteilung oder Versagung der Genehmigung selbst in das freie Ermessen der Genehmigungsbehörden gelegt, sondern dürfen nur der Sicherung der mit der

Grundstückverkehrsbekanntmachung verfolgten und im § 5 festgelegten Grundsätze dienen. Von der Genehmigung unter Auflagen wird namentlich dann Gebrauch zu machen sein, wenn die künftige Schädlichkeit oder Unschädlichkeit des Rechtsgeschäfts im Sinne des § 5 nicht mit Sicherheit beurteilt werden kann. In diesen Fällen hat die Auflage die Gefahr, die aus dem Rechtsgeschäft im Sinne des § 5 erwachsen könnte, zu bannen. Sie soll keinesfalls der Preis sein, den der Erwerber für die Genehmigung zahlt. Das Gebiet der Auflagen ist besonders schwierig; es empfiehlt sich daher, bei beabsichtigter Erteilung der Genehmigung unter Auflagen eingehend vorher mit den Beteiligten zu verhandeln und von Auflagen, die nicht im klaren Zusammenhang mit den Grundgedanken des § 5 stehen, abzusehen. Die Auflagen können den Inhalt des Rechtsgeschäfts wesentlich verschieben; deshalb ist zu prüfen, ob den Beteiligten diese Verschiebung zugemutet werden kann, oder ob es nicht zweckdienlicher ist, die Genehmigung des Rechtsgeschäfts zu versagen."

Über das, was zur Auflage gemacht werden soll, lassen sich keine Grundsätze aufstellen. Die Rechtsgeschäfte im Grundstücksverkehr sind im einzelnen so vielgestaltig, daß zahlreiche Möglichkeiten gegeben sind, um genehmigungspflichtige Rechtsgeschäfte durch Auflagen nach nationalsozialistischer Bodenpolitik auszurichten. Derartige Auflagen können z. B. sein, daß ein bisher als Ackerland genutztes Grundstück nicht aufgeforstet wird, oder daß ein bestimmter Wald innerhalb bestimmter Zeit nicht abgeholzt werden darf. Häufiger werden Auflagen vorkommen, daß ein bestimmtes Grundstück der Wirtschaftsaufsicht des Reichsnährstandes oder einer zugelassenen Wirtschaftsberatungsstelle zu unterstellen ist. Auch kann im Wege der Auflage die Bewirtschaftung eines Gutes durch einen Berufslandwirt verlangt werden. Es kann weiter zur Auflage gemacht werden, daß ein bisher einheitlich bewirtschaftetes Grundstück nicht in Trennstücke zerschlagen wird, oder daß ein Grundstück innerhalb bestimmter Zeit nicht weiterveräußert werden darf. Umgekehrt kann vor allem bei Geboten in der Zwangsversteigerung, die mit Rücksicht auf die Belange dinglicher Gläubiger genehmigt sind, zur Auflage gemacht werden, daß das Grundstück im Falle der Ersteigerung innerhalb bestimmter Frist an einen Landwirt weiterzuveräußern ist. Die Auflagen finden ihre Grenze darin, daß sie nur zur Sicherung der mit der GVB. verfolgten Zwecke dienen dürfen. Daher ist z. B. unzulässig die Auflage eines Bürgermeisters, daß ein Käufer eines Grundstücks die städtischen Steuern pünktlich oder vorzeitig zahlt (Peters S. 234). Die durch die Auflage herbeigeführte Einwirkung auf den Vertragsinhalt muß ferner den Parteien zugemutet werden können (vgl. Art. 1 Abs. 2 der VO. über die Veräußerung von Entschuldungsbetrieben, S. 90). Eine zumutbare Auflage liegt nicht mehr vor, wenn die Genehmigung unter der Auflage erfolgt, daß die Auflassung nicht an den Käufer, sondern an einen Dritten zu erfolgen habe. Durch diese Auflage geht eine vollkommene Verschiebung der Vertragsgrundlagen vor sich, die keinem Beteiligten zugemutet werden kann. Außerdem ist die Auflage in diesem Fall zu einer Bedingung geworden, deren Erfüllung erst durch Abschluß eines neuen Vertrages herbeigeführt werden kann (RG. 126, S. 132). Die Grenzen der Zumutbarkeit dürfen aber andererseits auch nicht zu eng gezogen werden, denn „der Besitzwechsel des landwirtschaftlichen oder forstwirtschaftlichen Grund und Bodens ist nicht lediglich ein Grundstücksverkehr zwischen Veräußerer und Erwerber, sondern ein Vorgang, der die Gemeinschaft angeht und an den der Staat und der Stand bestimmte Anforderungen stellen müssen, damit der Besitzwechsel nicht die Ordnung im landwirtschaftlichen Bereich gefährdet“ (Amtl. Begründung zur GVB. Anhang Nr. 6).

Eine Auflage ist nicht etwa die Bedingung, unter der das Rechtsgeschäft genehmigt wird. Dieses wird vielmehr durch die Genehmigung rechtswirksam, ohne Rücksicht darauf, ob die Auflagen erfüllt werden oder nicht. Die Erfüllung der Auflagen selbst muß durch die Strafbestimmungen des § 9 bewirkt werden. Die Auflage muß eine wirkliche Auflage sein und darf nicht eine bedingte Genehmigung darstellen. Eine Auflage in dem Sinne, daß die Wirksamkeit des Rechtsgeschäftes von bestimmten zur Auflage gemachten Voraussetzungen abhängig ist, ist im Gesetz nicht vorgesehen und dürfte deshalb unzulässig sein. Wie schon angeführt, ist das der Fall, wenn die Genehmigung unter der Auflage erfolgt, daß die Auflassung an einen Dritten erfolgen soll. Eine bedingte Genehmigung ist ebenfalls gegeben, wenn die Genehmigung mit der Auflage erfolgt, den Kaufpreis wegen groben Mißverhältnisses zum Wert zu ermäßigen (§ 5 Ziff. 5). Hier liegt ein wirksamer Kaufvertrag nicht vor, weil die Behörde nicht in der Lage ist, den Kaufpreis herabzusetzen, und die Genehmigung zu dem ursprünglichen Vertrage nur unter der Bedingung erfolgt ist, daß der Preis um einen bestimmten Betrag ermäßigt wird. Solange die Vertragsparteien diese Bedingung nicht erfüllen, ist daher ein wirksamer Kaufvertrag nicht vorhanden, so daß das Grundbuchamt die Eigentumsänderung nicht eintragen darf. Kommen die Parteien dieser Bedingung nach und ermäßigen sie den Kaufpreis entsprechend der behördlichen „Auflage“, so ist erst von diesem Zeitpunkt ab ein Vertrag gegeben, der der behördlichen Genehmigung entspricht. Dieser Vertrag bedarf aber zu seiner Wirksamkeit einer neuen Genehmigung, weil die zu dem ursprünglichen Vertrage erteilte Genehmigung unwirksam ist und sich nicht im voraus auf den neuen abgeänderten Vertrag erstrecken kann. Eine unter der Bedingung der Preisherabsetzung erteilte Genehmigung kann daher rechtlich nur eine Anregung an die Vertragsparteien darstellen, einen neuen Vertrag mit einem bestimmten Preis zur Genehmigung vorzulegen. Wenn das Bedürfnis besteht, einen an sich erwünschten Grundbesitzwechsel nur zu einem ermäßigten Preise zu genehmigen, so sind die Parteien anzuhalten, den Vertrag im Preis zu berichtigen und diesen geänderten Vertrag genehmigen zu lassen, weil die Genehmigung unter der „Auflage" einer Preisherabsetzung eine bedingte Genehmigung darstellt und daher unzulässig ist. Mit dieser Feststellung ist die nach § 5 Ziff. 5 gegebene Einflußnahme auf die Grundstückspreise keineswegs wirkungslos. Denn die Genehmigung bleibt versagt, wenn der von der Behörde für richtig gehaltene Preis nicht vereinbart wird. Eine Eigentumsänderung kann daher nicht herbeigeführt werden. Eine trotzdem erfolgte Besitzüberlassung wird nach § 9 bestraft. Die Parteien erreichen also nicht den von ihnen gewünschten Vertragszweck, und machen sich strafbar, wenn sie es unter Umgehung des Gesetzes versuchen. Das dürfte aber genügen, um die vom Gesetz gewollte Beeinflussung der Preise zu verwirklichen.

Die Erteilung einer Genehmigung unter Auflagen gibt den Vertragschließenden nicht das Recht, deswegen vom Vertrage zurückzutreten. Dieser in der Veräußerungsverordnung (S. 90) ausdrücklich enthaltene Rechtsgrundsatz gilt allgemein bei allen Genehmigungsverfahren, bei denen Auflagen erteilt werden können. Wenn der Gesetzgeber sich durch Auflagen eine Einwirkung auf Verträge vorbehält, so sind die Beteiligten auch nach einer solchen im öffentlichen Interesse erfolgten Einwirkung an die Verträge gebunden. Es dürfte aus diesen Erwägungen nicht einmal zulässig sein, die Gültigkeit eines Vertrages von vornherein darauf abzustellen, daß bei der Genehmigung keine Auflagen erteilt werden.

10. **Anhörung des Kreisbauernführers.** Der letzte Absatz von § 2 sichert die Mitwirkung der berufenen ständischen Organe bei der Durchführung des Gesetzes. Die in der Bundesratsbekanntmachung noch nicht enthaltene Mitwirkung der Kreis- und Landesbauernführer war bisher durch Verwaltungsanordnungen sichergestellt. Die jetzt gesetzlich verankerte Beteiligung der Kreis- und Landesbauernführer bei den Genehmigungsverfahren verleiht der von ihnen in jedem Fall abzugebenden Stellungnahme besondere Bedeutung. Nach den Richtlinien ist entscheidender Wert darauf zu legen, daß die Einschaltung des Kreisbauernführers in das Genehmigungsverfahren möglichst frühzeitig erfolgt, und daß dabei zutage-

tretende Zweifelsfragen im Einvernehmen mit dem Reichsnährstand geklärt werden. Die Beteiligung der Kreisbauernführer und in Fällen von größerer Bedeutung der Landesbauernführer bei der Überwachung des gesamten ländlichen Grundstücksverkehrs ist zur Durchführung der mit dieser Überwachung erstrebten Bodenordnung unentbehrlich, weil sie als die berufenen ständischen Organe am besten die Erfordernisse einer neuen deutschen Bodenordnung kennen.

11. **Siedlungsrechtliche Beschränkungen des ländlichen Grundstücksverkehrs.** Es ist schon darauf hingewiesen worden, daß der Verkehr mit land- und forstwirtschaftlichen Grundstücken außer dem Genehmigungsverfahren nach der GVB. noch besonderen Beschränkungen auf Grund der Siedlungsgesetzgebung unterlieg.. Da die Siedlungsgesetzgebung ein geschlossenes Sondergebiet darstellt, das aus dem Rahmen der GVB. herausfällt, soll hier nur ein kurzer Hinweis auf diese Vorschriften gebracht werden. Nach § 4 des Reichssiedlungsgesetzes vom 11. 8. 1919 (RGBl. S. 1429) hat das gemeinnützige Siedlungsunternehmen ein gesetzliches Vorkaufsrecht an allen in seinem Bezirk gelegenen landwirtschaftlichen Grundstücken von einer bestimmten Größe an. Dasselbe gesetzliche Vorkaufsrecht steht den Landlieferungsverbänden nach § 14 Reichssiedlungsgesetz für die größeren Güter ihres Bezirkes zu. Dieses siedlungsrechtliche Vorkaufsrecht hat durch die VO. über das Vorkaufsrecht nach dem Reichssiedlungsgesetz vom 15. 4. 1937 (RGBl. I S. 546) seine besondere reichsrechtliche Regelung erfahren. Nach Art. 4 der VO. beträgt die Frist für die Ausübung des Vorkaufsrechts in jedem Falle 6 Wochen von dem Tage ab, an dem der Vorkaufsberechtigte Mitteilung von dem Verkaufsfall erhalten hat. Bedarf ein solcher Kaufvertrag der Genehmigung nach der GVB., so wird die Frist für die Ausübung des Vorkaufsrechtes nicht durch die Mitteilung von dem Abschluß eines solchen Vertrages in Gang gesetzt. Vielmehr beginnt die Frist erst mit der Mitteilung des Vertrages u n d der erfolgten Genehmigung. Denn das Vorkaufsrecht kann erst ausgeübt werden, wenn ein wirksamer Kaufvertrag vorliegt. Das ist aber nur der Fall, wenn die Genehmigung nach der GVB. erteilt ist. Bis dahin liegt ein rechtswirksamer Kaufvertrag noch nicht vor. Praktisch bedeutet das, daß ein Kaufvertrag über ein landwirtschaftliches Grundstück, auf das sich sowohl das siedlungsrechtliche Vorkaufsrecht als auch der Genehmigungszwang der GVB. erstreckt, zunächst der zuständigen Behörde zur Erteilung der Genehmigung nach der GVB. eingereicht werden muß, und wenn diese erteilt ist, dem gemeinnützigen Siedlungsunternehmen oder dem Landlieferungsverband zur Entschließung über die Ausübung des Vorkaufsrechtes vorzulegen ist.

12. **Genehmigung nach dem Wohnsiedlungsgesetz.** Besonderer Erwähnung bedarf das Gesetz über die Aufschließung von Wohnsiedlungsgebieten vom 22. 9. 1933 (RGBl. I S. 659), das nach § 4 alle Rechtsgeschäfte über Grundstücke, die zu einem Wohnsiedlungsgebiet gehören, einer besonderen Genehmigung unterwirft. Diese Genehmigung ist gegebenenfalls neben der Genehmigung nach der GVB. einzuholen, weil sie einen ganz anderen Zweck, die Einhaltung des für das Wohnsiedlungsgebiet aufgestellten Wirtschaftsplanes, verfolgt. Vgl. Anm. 10 zu § 3.

Befreiungen von der Genehmigungspflicht.

§ 3

(1) Die Genehmigung ist nicht erforderlich

1. bei Rechtsgeschäften des Reichs, der Länder und der sonstigen Gebietskörperschaften und ihrer Zweckverbände,

2. bei Rechtsgeschäften der Nationalsozialistischen Deutschen Arbeiterpartei,

3. bei Rechtsgeschäften der Deutschen Reichsbahn und des Unternehmens „Reichsautobahnen“,

4. bei Rechtsgeschäften, die nach anderen Vorschriften der Genehmigung eines Reichsministers oder einer obersten Landesbehörde bedürfen und diese erhalten haben,

5. bei Rechtsgeschäften zwischen Ehegatten oder Personen, die untereinander in gerader Linie verwandt oder verschwägert oder in der Seitenlinie im zweiten Grade verwandt sind, sofern es sich nicht um Veräußerung eines Grundstücks handelt,

6. bei Rechtsgeschäften, die der Durchführung eines Verfahrens zur Neubildung deutschen Bauerntums (Neusiedlungs- oder Anliegersiedlungsverfahren) auf Grund des Reichssiedlungsgesetzes vom 11. August 1919 (Reichsgesetzbl. S. 1429) und des Gesetzes über die Neubildung deutschen Bauerntums vom 14. Juli 1933 (Reichsgesetzbl. I S. 517) dienen,

7. bei Rechtsgeschäften, die der Errichtung von Kleinsiedlungen nach den hierfür geltenden Bestimmungen des Reichs dienen,

8. bei Rechtsgeschäften, die der Errichtung von Kleinwohnungen oder Kleingärten durch eine öffentlich-rechtliche Körperschaft oder ein gemeinnütziges Wohnungs- oder Kleingartenunternehmen dienen,

9. wenn ein Grundstück innerhalb einer Fläche, die in einem auf gesetzlicher Grundlage beruhenden Verfahren für andere als land- oder forstwirtschaftliche Zwecke bestimmt ist, Gegenstand des Rechtsgeschäfts ist und das Rechtsgeschäft diesem anderen Zweck dient. Die Genehmigung ist jedoch erforderlich, wenn das Grundstück nur teilweise innerhalb der Fläche liegt und der außerhalb der Fläche liegende Grundstücksteil einen Umfang von 2 Hektar und mehr hat,

10. wenn das Grundstück zu einem Erbhof gehört,

11. wenn das Rechtsgeschäft mit Ermächtigung der Fideikommißbehörde vorgenommen oder von dieser genehmigt oder bestätigt ist.

(2) Abs. 1 gilt sinngemäß für Gebote im Zwangsversteigerungsverfahren (§ 2 Abs. 3).

1. **Allgemeines.** § 3 nimmt einen bestimmten Kreis von Rechtsgeschäften von der Genehmigungspflicht aus, weil sie entweder ihrer Art nach unbedenklich sind, oder sie bereits nach anderen Gesetzen einer behördlichen Genehmigung bedürfen, oder aber von den für diese Geschäfte verantwortlichen Stellen von vornherein erwartet werden kann, daß sie die Grundsätze der GVB. berücksichtigen. Die Befreiung von der Genehmigungspflicht gilt sowohl für alle nach §§ 1 und 2 genehmigungsbedürftigen Rechtsgeschäfte als auch für die Abgabe von Geboten in der Zwangsversteigerung (§ 3 Abs. 2), soweit eine solche in diesen Fällen zugelassen wird. Wenn Zweifel bestehen, ob gemäß § 3 eine Befreiung von dem Genehmigungszwang vorliegt, entscheidet die zuständige Genehmigungsbehörde nach § 4 mit bindender Wirkung für alle Gerichte und Verwaltungsbehörden, ob die Genehmigung erforderlich ist oder nicht.

2. **Rechtsgeschäfte des Reichs, der Länder und der sonstigen Gebietskörperschaften und ihrer Zweckverbände.** Diese Grundstücksgeschäfte sind deswegen von der Genehmigungspflicht befreit, weil von den für sie verantwortlichen Stellen als selbstverständlich angenommen werden kann, daß sie den nationalsozialistischen Zielen der GVB. Rechnung tragen und deren Grundsätze bei der Ausführung ihrer Geschäfte wahren. Reich, Länder und die Gebietskörperschaften sind also keineswegs bei ihrem ländlichen Grundstücksverkehr vollkommen ungebunden. Durch die Anordnung des Reichsministers für Ernährung und Landwirtschaft vom 26. 1. 1937 (Anhang Nr. 7), die im Einvernehmen mit den beteiligten Reichsministerien ergangen ist, ist vielmehr sichergestellt, daß auch diese von der Genehmigungspflicht befreiten Stellen bei Entscheidungen über Billigung oder Durchführung von Rechts-

geschäften stets zu prüfen haben, ob aus den Gründen der GVB. die Genehmigung zu versagen oder von der Durchführung des Geschäftes abzusehen ist. Die beteiligten Reichsministerien werden für ihren Geschäftsbereich entsprechende Anweisungen erlassen. Das ist geschehen bisher durch den Reichsinnenminister (Anhang Nr. 9). Die Beachtung dieser Anweisungen ist gegebenenfalls durch die Aufsichtsbehörden herbeizuführen.

Die Zahl der von der Genehmigung befreiten öffentlichen Körperschaften ist gegenüber der Bundesratsbekanntmachung erheblich eingeschränkt. Außer Reich und Ländern kommen jetzt nur noch Gebietskörperschaften, d. h. die Gemeinden und Gemeindeverbände mit ihren Zweckverbänden in Frage, während nach der Bundesratsbekanntmachung sämtliche öffentlichen Körperschaften befreit waren. Genehmigungspflichtig sind daher seit dem 1. 2. 1937 die ländlichen Grundstücksgeschäfte aller übrigen Körperschaften des öffentlichen Rechts, wie der Kirchen, religiösen Orden, Stiftungen, aller öffentlich-rechtlicher Kreditinstitute (Landschaften, Sparkassen), öffentlich-rechtlicher Versicherungsanstalten usw.

Bei den in Ziff. 1 des § 3 genannten Rechtsgeschäften tritt die Befreiung von der Genehmigungspflicht ein, sobald e i n e der beteiligten Parteien zu den dort aufgeführten Parteien gehört, weil hier die Befreiung mit Rücksicht auf den Träger des Geschäfts erfolgt ist. Genehmigungsfrei sind auch die Grundstücksgeschäfte von Gesellschaften mit eigener Rechtspersönlichkeit (Aktiengesellschaften, GmbH. usw.), deren Anteile sich überwiegend in den Händen von Reich, Ländern und Gemeinden befinden. In diesem Zusammenhang ist darauf hinzuweisen, daß auch die Zession eines staatlichen Pachtgutes genehmigungsfrei ist, obwohl es sich hier um ein Rechtsgeschäft zwischen dem alten und dem neuen Pächter handelt. Eine derartige Pachtabtretung ist aber regelmäßig von der Zustimmung des Verpächters abhängig, der hierbei die Grundsätze der GVB. zu beachten hat. Wenn aber die verpachtende Körperschaft von der GVB. ausgenommen ist, ist es überflüssig, die ohnehin ihrer Zustimmung unterliegende Pachtübertragung noch gesondert genehmigen zu lassen.

3. **Rechtsgeschäfte der NSDAP.** Von der Genehmigungspflicht befreit sind ferner alle Rechtsgeschäfte der Nationalsozialistischen Deutschen Arbeiterpartei und ihrer Gliederungen. Zu den Gliederungen gehören nach der Verordnung zur Durchführung des Gesetzes zur Sicherung der Einheit von Partei und Staat vom 29. 3. 1935 (RGBl. I S. 502) und den Ergänzungen: die SA., SS., die Hitlerjugend (einschließlich des Jungvolks, des Bundes deutscher Mädel, und der Jungmädel), der NSD.-Dozentenbund, NSD.-Studentenbund, NS.-Frauenschaft. Nicht von der Genehmigungspflicht

befreit sind die der Partei angeschlossenen Verbände wie: NSD.-Ärztebund, Bund Nationalsozialistischer Deutscher Rechtswahrer, NS.-Lehrerbund, NS.-Volkswohlfahrt, NS.-Kriegsopferversorgung, Reichsbund der deutschen Beamten, NS.-Bund deutscher Techniker, Deutsche Arbeitsfront einschl. NSG. „Kraft durch Freude".

4. **Rechtsgeschäfte der deutschen Reichsbahn und des Unternehmens „Reichsautobahnen"** sind von der Genehmigungspflicht aus den in Anm. 2 wiedergegebenen Gründen befreit worden und zwar nachträglich durch die Ergänzungsverordnung vom 26. 1. 1937 (Anhang Nr. 2). Für die Reichsbahn hat diese Befreiung nur noch historische Bedeutung, nachdem die Reichsbahn durch das Gesetz vom 10. 2. 1937 (RGBl. II, S. 47) als Reichsbehörde wieder voll der Reichshoheit unterstellt ist, so daß ihre Geschäfte wie bei der Reichspost schon nach Ziff. 1 des § 3 genehmigungsfrei sind.

5. **Rechtsgeschäfte, die nach anderen Vorschriften ministerieller Genehmigung bedürfen,** sind von der Genehmigungspflicht befreit, um mehrfache Genehmigungsverfahren wegen desselben Falles zu vermeiden. Wenn schon nach anderen Gesetzen eine Genehmigung zu landwirtschaftlichen Grundstücksgeschäften erforderlich ist, so können hierbei die Grundsätze der GVB. mitbeachtet werden, so daß sich ein weiteres Verfahren erübrigt. Während es nach § 2 Ziff. 3 der Bundesratsbekanntmachung einer Genehmigung nicht mehr bedurfte, wenn die obersten Landesbehörden oder eine andere Verwaltungsbehörde nach anderen Vorschriften eine Genehmigung zu erteilen hatte, ist der Kreis jetzt enger gezogen. Wenn z. B. in Preußen nach der Ausführungsbestimmung zur Bundesratsbekanntmachung vom 16. 3. 1918 (JMBl. S. 69) zu den Verwaltungsbehörden in diesem Sinne noch die Provinzialverwaltungsbehörden und die Oberlandesgerichte als Fideikommißaufsichtsbehörden gehörten, tritt jetzt eine Befreiung von der Genehmigungspflicht nur ein, wenn ein Reichsminister oder eine oberste Landesbehörde nach anderen gesetzlichen Bestimmungen bereits eine Genehmigung zu einem landwirtschaftlichen Grundstücksgeschäft zu erteilen haben. Die Befreiung von der Genehmigungspflicht der GVB. ist jedoch nur gegeben, wenn eine Genehmigung nach anderen Gesetzen erforderlich ist und auch erteilt worden ist. Es kann daher die durch vertragliche Vereinbarung herbeigeführte Genehmigung einer solchen Stelle nicht von der Genehmigungspflicht der GVB. befreien.

Nach Art. 1 der VO. über die Veräußerung von Entschuldungsbetrieben vom 6. 1. 1937 (S. 90) bedürfen alle Veräußerungen von landwirtschaftlichen Grundstücken, die nach den Osthilfegesetzen oder nach dem Schuldenregelungsgesetz entschuldet worden sind, zu ihrer Wirksamkeit der Genehmigung des Reichsministers für Ernährung und Landwirtschaft. Alle diese Geschäfte wären daher nach § 3 Ziff. 4 GVB. befreit. Da aber für die Genehmigung nach der Veräußerungsverordnung andere Gründe maßgebend sind als nach der GVB. (vgl. S. 91), ist durch die Ergänzungsverordnung vom 26. 1. 1937 (Anhang Nr. 2) bestimmt, daß die Genehmigung nach der GVB. nicht deshalb entfällt, weil der Reichsernährungsminister nach der Verordnung über die Veräußerung von Entschuldungsbetrieben die Genehmigung erteilt hat. In einem solchen Fall sind also zwei Genehmigungen erforderlich. Es kann daher vorkommen, daß die Entscheidungen voneinander abweichen. Wenn die eine Genehmigung erteilt und die andere versagt wird, ist das Geschäft unwirksam. Wenn beide Genehmigungen mit verschiedenen Auflagen erteilt werden, ändert das an der Wirksamkeit nichts.

6. **Rechtsgeschäfte zwischen Ehegatten und Verwandten.** Nach der Bundesratsbekanntmachung von 1918 waren sämtliche Grundstücksgeschäfte zwischen Ehegatten und Verwandten von dem Genehmigungszwang befreit. Die GVB. stellt nur diejenigen Geschäfte frei, die nicht eine Veräußerung des Grundstückes herbeiführen, praktisch also nur noch Pachtverträge und Nießbrauchbestellungen zwischen Eheleuten und Personen, die untereinander in gerader Linie verwandt oder verschwägert oder in der Seitenlinie im zweiten Grade verwandt sind. Die Befreiungsvorschrift gilt also nicht für Geschäfte zwischen Onkel und Neffen oder zwischen Vettern. Alle Grundstücksgeschäfte, die einen Eigentumswechsel mit sich bringen, sind nunmehr auch zwischen Verwandten genehmigungspflichtig. Darunter fallen auch die im Wege der vorweggenommenen Erbfolge geschlossenen Gutsüberlassungsverträge. In den Richtlinien ist aber festgelegt, daß diese Übergabeverträge in der Regel ohne große Ermittlungen zu genehmigen sind. Die Genehmigung soll aber versagt werden, wenn die Gutsüberlassung ohne Rücksicht auf die Grundgedanken des Erbhofgesetzes erfolgt, und z. B. eine bevorstehende Erbhofbildung zerschlägt (vgl. hierzu Anm. 5 zu § 2 S. 34).

7. **Rechtsgeschäfte im Siedlungsverfahren.** Nach § 3 Ziff. 6 sind alle landwirtschaftlichen Grundstücksgeschäfte von der behördlichen Genehmigung befreit, die zur Neubildung deutschen Bauerntums auf Grund des Reichssiedlungsgesetzes oder des Gesetzes über die Neubildung deutschen Bauerntums erfolgen, weil sie ganz aus dem Rahmen der GVB. herausfallen. Das entspricht auch im wesentlichen dem bisherigen Rechtszustand. Unter diese Befreiungsvorschrift fallen aber nicht nur alle von den anerkannten Siedlungsunternehmungen durchgeführte Siedlungsverträge, sondern auch alle übrigen Sied-

lungsgeschäfte, die mit Hilfe des Kulturamtes auf Grund der Siedlungsgesetzgebung durchgeführt werden.

Zu den als gemeinnützig anerkannten Siedlungsunternehmungen gehört auch die Reichsumsiedlungsgesellschaft in Berlin, die im Zusammenhang mit dem Gesetz über die Landbeschaffung für Zwecke der Wehrmacht vom 29. 3. 1936 gegründet worden ist. Soweit die Reichsumsiedlungsgesellschaft die von ihr zu erwerbenden Grundstücke zur Schaffung neuer Ansiedlungen im Sinne des § 1 des Reichssiedlungsgesetzes verwendet, sind ihre Geschäfte nach § 3 Ziff. 6 genehmigungsfrei, soweit sie sie für Zwecke der Wehrmacht erwirbt, werden ihre Rechtsgeschäfte regelmäßig nach § 3 Ziff. 4 genehmigungsfrei sein. Kommt beides nicht in Frage, so ist nach den Richtlinien trotzdem die Genehmigung mit Rücksicht auf die Aufgaben der Reichsumsiedlungsgesellschaft ohne Auflagen zu erteilen. Wenn ausnahmsweise schwerwiegende Bedenken bestehen, muß die Behörde an den Reichsernährungsminister berichten. Das gleiche gilt nach einem Erlaß des Reichsernährungsministers vom 17. 4. 1937 (Anhang Nr. 7a) für die Deutsche Siedlungsbank und nach dem Erlaß vom 1. 6. 1937 (Anhang Nr. 7b für die Preußische Landesrentenbank.

8. **Rechtsgeschäfte zur Errichtung von Kleinsiedlungen** sind von der Genehmigungspflicht befreit. Kleinsiedlungen sind nichtbäuerliche Siedlungen, die dem Siedler aus vorwiegend gartenbaumäßiger Nutzung des Landes in Verbindung mit Kleintierhaltung eine wichtige Ergänzung seines sonstigen Einkommens bieten und seinen Lebensunterhalt auf diese Weise erleichtern sollen. Die hierfür maßgeblichen Bestimmungen sind enthalten:

a) in der 3. VO. des Reichspräsidenten zur Sicherung von Wirtschaft und Finanzen vom 6. 10. 1931, 4. Teil, Wohnungs- und Siedlungswesen, Kapitel II, Landwirtschaftliche Siedlung, Vorstädtische Kleinsiedlung, Bereitstellung von Kleingärten für Erwerbslose (RGBl. I, S. 551).

b) VO. über die weitere Förderung der Kleinsiedlung insbesondere durch Übernahme von Reichsbürgschaften vom 19. 2. 1935 (RGBl. I S. 314).

c) VO. zur Kleinsiedlung und Bereitstellung von Kleingärten vom 23. 12. 1931 (RGBl. I S. 790) in der Fassung der VO. vom 15. 1. 1937 (RGBl. I S. 17).

9. **Rechtsgeschäfte zur Errichtung von Kleinwohnungen oder Kleingärten.** Entsprechend den Ziffern 6 und 7 des § 3 sind auch diese Grundstücksgeschäfte genehmigungsfrei, sobald sie der Errichtung von Kleinwohnungen oder Kleingärten durch eine öffentlich-rechtliche Körperschaft oder ein

gemeinnütziges Wohnungs- oder Kleingartenunternehmen dienen. Die für diese Vorhaben in Betracht kommenden Gesetze sind außer den in der vorhergehenden Anmerkung aufgeführten:

a) die VO. zur Behebung der dringendsten Wohnungsnot vom 9. 12. 1919 (RGBl. S. 1968),
b) die Kleingarten- und Kleingartenpachtlandordnung vom 31. 7. 1919 (RGBl. S. 1371),
c) Gesetz zur Ergänzung der Kleingarten- und Kleinpachtlandordnung vom 26. 6. 1935 (RGBl. I S. 809).

10. **Rechtsgeschäfte über Grundstücke, die nach besonderen Gesetzen für nicht landwirtschaftliche Zwecke bestimmt sind.** Nach Ziff. 9 des § 3 GVB. sind Grundstücksgeschäfte genehmigungsfrei, wenn die Grundstücke nichtlandwirtschaftlichen Zwecken dienen und sie in einem auf gesetzlicher Grundlage beruhenden Verfahren für nichtlandwirtschaftliche Zwecke bestimmt sind. Ein solches auf gesetzlicher Grundlage beruhendes Verfahren ist z. B. die Ausweisung eines Grundstücks auf Grund der Fluchtliniengesetzgebung als Freifläche oder als Spielplatz. Ist ein Grundstück bisher landwirtschaftlich genutzt und wird es zu dem ausgewiesenen Zwecke veräußert, so ist eine Genehmigung nicht erforderlich. Entsprechendes gilt bei der Anwendung der VO. über die Regelung der Bebauung vom 12. 2. 1936 (RGBl. I S. 104). Sind auf Grund des § 1 dieser Verordnung durch Baupolizeiverordnung landwirtschaftliche Flächen als Baugebiete für Kleinsiedlungs-, Wohn-, Geschäfts- oder Gewerbezwecke ausgewiesen, so entfällt eine Genehmigungspflicht, sobald dieses Grundstück dem in diesem Verfahren bestimmten Zweck zugeführt wird. Das gleiche ist z. B. auch bei Wohnsiedlungsgebieten der Fall, die auf Grund des Gesetzes über die Aufschließung von Wohnsiedlungsgebieten vom 22. 9. 1933 (RGBl. I S. 659) als solche ausgewiesen sind. Sind in einem derartigen Verfahren bisher landwirtschaftlich oder forstwirtschaftlich genutzte Flächen für industrielle oder Wohnungszwecke vorgesehen, so bedarf es einer Genehmigung nicht, wenn sie zur Erfüllung dieses Zweckes veräußert werden. Sind dagegen die landwirtschaftlichen Flächen in einem Wohnsiedlungsgebiet auch weiterhin als solche vorgesehen, so ist bei einem Grundstücksverkehr die behördliche Genehmigung erforderlich. Sie muß ebenfalls eingeholt werden, wenn die landwirtschaftlichen Flächen für einen anderen Zweck, z. B. Wohnungsbau ausgewiesen sind, aber nicht zu diesem Zweck, sondern z. B. für industrielle Zwecke veräußert werden sollen.

Die Genehmigung ist jedoch immer erforderlich, wenn das landwirtschaftliche Grundstück nur teilweise innerhalb des Wohnsiedlungsgebietes liegt und der außerhalb liegende

Grundstücksteil 2 Hektar übersteigt. Entsprechendes gilt für andere gesetzliche Verfahren, die bestimmte Grundstücksflächen nicht landwirtschaftlichen Zwecken widmen.

11. **Geschäfte über Erbhofgrundstücke** sind von der Genehmigung nach der GVB. freigestellt. Das entspricht dem § 34 Erbhofrechtsverordnung vom 21. 12. 1936, der die Anwendung der Bundesratsbekanntmachung von 1918 und anderer Gesetze mit Grundstücksverkehrsbeschränkungen für Erbhöfe ausschließt. Bis dahin wurde in Übereinstimmung mit einem Reichsgerichtsurteil vom 28. 11. 1935 (RG. 149, 81—83) neben der anerbengerichtlichen Genehmigung auch noch die Genehmigung nach der Bundesratsbekanntmachung gefordert, weil für beide Genehmigungen verschiedene Gesichtspunkte maßgebend sein könnten. Diese Doppelgenehmigung mit der für den Rechtsverkehr unerwünschten Belastung durch mehrere behördliche Verfahren ist nunmehr beseitigt, weil die agrarpolitischen Zwecke der GVB. auch bei den anerbengerichtlichen Genehmigungsverfahren berücksichtigt werden.

Die Befreiung von der Genehmigung nach der GVB. erstreckt sich selbstverständlich nur auf Grundstücke, die Bestandteil des Erbhofes sind, nicht etwa auf erbhoffreie Grundstücke desselben Eigentümers.

Ist ein Erbhof vor dem Inkrafttreten des Reichserbhofgesetzes mit der landrätlichen Genehmigung nach der Bundesratsbekanntmachung verpachtet worden, so bedarf es zu einer nach dem 1. 10. 1933 erfolgten Verlängerung oder Zession des Pachtvertrages nur der anerbengerichtlichen Genehmigung. Ist zu einem vor dem 1. 10. 1933 abgeschlossenen Pachtvertrag über einen Erbhof die landrätliche Genehmigung nicht eingeholt worden, so liegt ein unwirksamer Pachtvertrag vor, der nur noch durch die Einholung der anerbengerichtlichen Genehmigung für die Zukunft rechtswirksam werden kann.

12. **Grundstücksgeschäfte, die von Fideikommißbehörden** vorgenommen oder genehmigt oder bestätigt sind, sind von der Genehmigungspflicht befreit, weil es nicht ratsam erschien, die oft unter großen Schwierigkeiten zustande gekommenen Auflösungsbeschlüsse einer nochmaligen Nachprüfung von Verwaltungsbehörden zu unterziehen, zumal die Fideikommißbehörden bei ihrer Tätigkeit die Grundsätze der GVB. ebenfalls zu beachten haben. Die Fideikommißbehörden sind nach dem Reichsgesetz zur Vereinheitlichung der Fideikommißauflösung vom 26. 6. 1935 (RGBl. I S. 785) die Oberlandesgerichte (Fideikommißsenate) und das oberste Fideikommißgericht beim Reichsjustizministerium.

13. **Genehmigungsfreie Gebote im Zwangsversteigerungsverfahren.** § 3 Abs. 2 stellt klar, daß die in Abs. 1 des § 3

für genehmigungsfrei erklärten Rechtsvorgänge, wenn sie im Wege der Zwangsversteigerung durchgeführt werden, keiner Genehmigung zur Abgabe von Geboten im Versteigerungsverfahren bedürfen. In sinngemäßer Anwendung des Abs. 1 des § 3 ergibt sich demnach, daß bei Zwangsversteigerungen eines landwirtschaftlichen Grundstückes die Gebote der in Ziff. 1—3 genannten Stellen genehmigungsfrei sind, während die Gebote aller übrigen Personen der behördlichen Genehmigung unterliegen. Die in Ziff. 5 genannten Verwandten eines Grundstückseigentümers genießen bei der Zwangsversteigerung keine Befreiung von der Genehmigungspflicht, weil sie auch bei der rechtsgeschäftlichen Veräußerung nicht davon befreit sind. Bei den in Ziff. 6—9 genannten Rechtsvorgängen, die mit Rücksicht auf die Art des Rechtsgeschäftes von dem Genehmigungszwang ausgenommen sind, ergibt sich bei einer Zwangsversteigerung die Genehmigungsfreiheit für jeden, der zur Durchführung der dort genannten Geschäfte Gebote abgibt. Erbhofgrundstücke können grundsätzlich nicht versteigert werden. Wenn das geschieht, so haben sie nachträglich die Erbhofeigenschaft verloren. Sie müssen dann wie jedes andere landwirtschaftliche Grundstück behandelt werden.

Bescheinigung über die Genehmigungsbedürftigkeit.

§ 4

(1) Ob die Genehmigung nach dieser Bekanntmachung erforderlich ist, entscheidet die Genehmigungsbehörde. Die Entscheidung ist für Gerichte und Verwaltungsbehörden bindend.

(2) Die Genehmigungsbehörde hat auf Antrag ein Zeugnis darüber zu erteilen, daß die Genehmigung nicht erforderlich ist.

(3) Der Nachweis dafür, daß die Voraussetzungen des § 3 Abs. 1 Ziffern 6 bis 9 gegeben sind, und der Nachweis dafür, daß es sich nicht um ein landwirtschaftliches oder forstwirtschaftliches Grundstück handelt, soweit das beim Grundbuchamt nicht offenkundig ist, ist durch eine Bescheinigung der Genehmigungsbehörde zu führen.

1. **Entscheidung der Genehmigungsbehörde.** Während der Geltungsdauer der Bundesratsbekanntmachung vom 15. 3. 1918 haben sich vielfach Streitigkeiten darüber entwickelt, ob ein Rechtsgeschäft genehmigungspflichtig war oder nicht. Wenn die Verträge der Genehmigungsbehörde nicht vorgelegt waren, sind diese Fragen oft in langandauernden gerichtlichen Prozessen ausgetragen worden, ehe eine Klarstellung

der Rechtslage erfolgen konnte. Diese sowohl für die Vertragsparteien als auch im Interesse der Landbewirtschaftung gleich unerwünschte Situation beseitigt die GVB., indem sie der Genehmigungsbehörde die alleinige Entscheidung darüber zuteilt, ob eine Genehmigung erforderlich ist oder nicht, und diese Entscheidung weiter mit bindender Wirkung für alle Gerichte und Verwaltungsbehörden ausstattet. Es ist also künftig ausgeschlossen, daß ein Gericht diese Frage entscheidet. Wenn in einem Prozeß in dieser Beziehung Zweifel auftauchen, wird das Gericht den Prozeß so lange aussetzen müssen, bis eine Entscheidung der zuständigen Genehmigungsbehörde herbeigeführt ist.

Bei der in § 4 GVB. vorgesehenen Entscheidung der Genehmigungsbehörde handelt es sich nicht um die in der Regel bei Vorlage eines Vertrages auszusprechende Genehmigung oder Versagung derselben, sondern um eine für Zweifelsfälle gedachte ausdrückliche Entscheidung über die Genehmigungspflicht selbst. Die hierbei entstehenden Zweifel können sich entweder darauf beziehen, ob überhaupt ein landwirtschaftliches oder forstwirtschaftliches Grundstück im Sinne des § 1 GVB. vorliegt, oder ob die erforderliche Größe gegeben ist, oder ob es sich überhaupt um eins der in § 2 GVB. genannten Rechtsgeschäfte handelt. Zweifel können weiter bei den in § 3 GVB. enthaltenen Befreiungsvorschriften entstehen. Für eine Entscheidung nach § 4 GVB. ist kein Raum, wenn bei streitigen Eigentumsverhältnissen einer der Beteiligten Genehmigungsfreiheit nach § 3 GVB. genießt, weil es sich hier nicht um einen Zweifel über die Genehmigungspflicht an sich, sondern um Zweifel über das Eigentum handelt. In diesem Falle sind die Zweifel gegebenenfalls durch die ordentlichen Gerichte zu klären, deren Entscheidung dann eine einwandfreie Grundlage für die üblicherweise auszusprechende Versagung oder Erteilung der Genehmigung abgibt.

Hieraus folgt weiter, daß diese in der Regel zu treffende Entscheidung auf Erteilung oder Versagung der Genehmigung nicht ohne weiteres eine Entscheidung nach § 4 über die Genehmigungspflicht an sich enthält. Im allgemeinen wird man das allerdings bei der Genehmigung eines Rechtsgeschäfts annehmen können, weil die Erteilung der Genehmigung notwendig die Bejahung der Genehmigungspflicht voraussetzt. Das trifft aber nicht zu bei der Versagung der Genehmigung, weil diese erfolgt sein kann, ohne daß das Erfordernis der Genehmigung an sich geprüft ist. Wenn sich bei einer negativen Entscheidung der Genehmigungsbehörde aus der Entscheidung unmittelbar keine Anhaltspunkte dafür ergeben, ob das Vorliegen der Genehmigungspflicht selbst geprüft ist, ist in Zweifelsfällen eine neue ausdrückliche Entscheidung nach § 4 GVB. erforderlich. Hieraus ergibt sich umgekehrt, daß die Entscheidung nach § 4 GVB. unter Umständen nur eine Vorentscheidung darstellt, der die Sachentscheidung nachfolgen muß, um ein Rechtsgeschäft wirksam werden zu lassen. Hält z. B. ein Grundbuchamt ein Rechtsgeschäft für genehmigungspflichtig, während die Vertragsparteien gegenteiliger Auffassung sind und führen sie eine Entscheidung nach § 4 GVB. herbei, so müssen sie außerdem noch zur Eintragung der Eigentumsänderung im Grundbuch die Genehmigung selbst beantragen, wenn die Behörde die Genehmigungspflicht feststellt.

§ 4 GVB. ist ferner nicht anwendbar, wenn die Vertragsparteien die Genehmigungsbehörde um Stellungnahme zu einem Vertragsentwurf bitten, bei dem Zweifel über die Genehmigungspflicht bestehen, weil die Entscheidung nach § 4 GVB. endgültig abgeschlossene Verträge voraussetzt. Eine derartige Stellungnahme der Behörde stellt niemals eine Entscheidung nach § 4 GVB. dar, sondern ist nur als unverbindliche Meinungsäußerung zu werten, die weder das nach Abs. 2 auszustellende Zeugnis, noch die nach Abs. 3 zu erteilende Bescheinigung ersetzen kann. Es steht im Belieben der Behörde, ob sie sich außerhalb eines förmlichen Verfahrens nach § 4 auf Anfrage von Privatpersonen zu der voraussichtlichen Genehmigungsbedürftigkeit eines beabsichtigten Rechtsgeschäfts äußern will. Ein Anspruch darauf besteht nicht. Erst wenn ihr ein endgültiger Vertrag vorgelegt wird, muß sie tätig werden.

Eine Entscheidung nach § 4 GVB. ergeht in der Regel auf Antrag der Vertragsparteien. Sie kann aber auch dadurch veranlaßt werden, daß andere Behörden über die Anwendung der GVB. im Zweifel sind und die von ihnen zu treffende Entscheidung von einer Erklärung der Genehmigungsbehörde nach § 4 GVB. abhängig machen wollen und aus diesem Grunde ihre Entscheidung herbeiführen.

Die nach § 4 GVB. zu treffende Entscheidung wird in der Regel dahin ergehen, daß zu einem bestimmten Rechtsgeschäft die Genehmigung erforderlich oder nicht erforderlich ist. Aus der Fassung des § 4 GVB. ergibt sich, daß diese Entscheidung sich immer auf einen bestimmten Einzelfall beziehen muß, weil sie mit bindender Wirkung gegenüber Gerichten und anderen Behörden ausgestattet ist. Sammelentscheidungen oder Entscheidungen allgemeiner Art, die nicht einen besonderen Fall betreffen, sind daher unzulässig. Die Entscheidungen müssen sich auch in dem von der GVB. gegebenen Rahmen halten; die Richtlinien weisen ausdrücklich darauf hin, daß nicht die Möglichkeit besteht, etwa auf Grund von Entscheidungen nach § 4 Abs. 1 GVB. nicht genehmigungspflichtige Rechtsgeschäfte entgegen dem Gesetz einer Genehmigungspflicht zu unterwerfen. Die Entscheidungen nach

§ 4 GVB. müssen von der Genehmigungsbehörde mit einer Begründung versehen werden, wie sich aus den Richtlinien zu § 4 GVB. ergibt.

Die Entscheidungen nach § 4 GVB. sind nicht anfechtbar. Die Genehmigungsbehörde entscheidet endgültig. Demnach können solche Entscheidungen nicht in der Beschwerdeinstanz ergehen. Es liegt auch kein Bedürfnis dazu vor. Stellt die untere Verwaltungsbehörde gemäß § 4 GVB. fest, daß die Genehmigung nicht erforderlich ist, ist niemand beschwert, so daß es eines Beschwerderechtes nicht bedarf. Bejaht sie dagegen die Genehmigungspflicht, so muß notwendig eine weitere Entscheidung auf Genehmigung oder Versagung erfolgen, soweit diese nicht schon in der Entscheidung nach § 4 GVB. enthalten ist. Gegen diese Entscheidung, die dann aber eine Entscheidung nach § 7 GVB. darstellt, ist das in dieser Bestimmung eingeräumte Beschwerderecht gegeben. Die Beschwerdeinstanz kann also nur über die Erteilung oder Versagung der Genehmigung gemäß § 7 GVB. befinden.

2. **Bindende Wirkung der Entscheidung nach § 4 GVB.** Während früher streitig war, ob die gemäß § 2 Ziff. 4 der Bundesratsbekanntmachung zu erteilende Bescheinigung über die Genehmigungsbedürftigkeit für alle anderen Behörden bindend war, ist diese Frage jetzt von der GVB. endgültig geregelt. Es können also spätere Streitigkeiten über die Genehmigungsbedürftigkeit eines Rechtsgeschäftes nicht mehr entstehen, wenn die Entscheidung der Genehmigungsbehörde gemäß § 4 herbeigeführt ist, die nunmehr allein zur Entscheidung über diese Frage berufen ist. Infolgedessen müssen Gerichte und andere Verwaltungsbehörden die bei ihnen schwebenden Verfahren aussetzen, wenn Zweifel bezüglich der Genehmigungspflicht eines Rechtsgeschäftes entstehen und eine Entscheidung der zuständigen Genehmigungsbehörde gemäß § 4 herbeiführen, weil deren Entscheid für sie bindend ist. Ein Gericht oder eine andere Behörde kann demnach auch niemals eine andere Entscheidung fällen, als sie die zuständige Genehmigungsbehörde nach § 4 getroffen hat. Die absolute Wirkung einer solchen Entscheidung hat zur Folge, daß die Genehmigungsbehörde in der Regel eine einmal getroffene Entscheidung nicht mehr abändern kann. Nach allgemeinen Rechtsgrundsätzen wird man eine derartige Möglichkeit nur dann zugestehen können, wenn die Genehmigungsbehörde von falschen Voraussetzungen ausgegangen ist, also etwa auf Grund einer unrichtigen Sachdarstellung entschieden hat. Die Möglichkeit zur Änderung einer gegebenen Entscheidung erscheint aber vollkommen ausgeschlossen, wenn daraus den Beteiligten Rechte und Pflichten erwachsen sind. Das wird fast immer der Fall sein, wenn die Verfügung der Genehmigungsbehörde den Beteiligten zugestellt oder sonst nach außen

in Erscheinung getreten ist. Von diesem Zeitpunkt ab wird daher die Behörde ihre Entscheidung nicht mehr zurücknehmen oder ändern können.

3. **Zeugnis über Genehmigungsfreiheit.** Um den Rechtsverkehr mit genehmigungsfreien Grundstücksgeschäften zu erleichtern, schreibt die GVB. vor, daß die Genehmigungsbehörde auf Antrag ein Zeugnis über die Genehmigungsfreiheit zu erteilen hat. Das Zeugnis darf erst erteilt werden, nachdem eine Entscheidung gemäß § 4 GVB. herbeigeführt und festgestellt ist, daß für ein bestimmtes Rechtsgeschäft die Genehmigung nicht erforderlich ist. Ein derartiges Zeugnis darf infolgedessen auch nur für den Fall ausgestellt werden, daß die Genehmigungsbedürftigkeit verneint ist. Wird sie bejaht, so ist die Erteilung eines entsprechenden Zeugnisses nach dem Gesetz nicht möglich. Vielmehr muß hier ein weiterer Antrag gestellt werden, der dann zur Erteilung oder Versagung der Genehmigung führt. Die Ausstellung des in Abs. 2 genannten Zeugnisses kann jeder der an einem Rechtsgeschäft Beteiligten verlangen, der ein berechtigtes Interesse daran dartun kann. Das Zeugnis selbst ist eine öffentliche Urkunde, die allen Behörden gegenüber den Nachweis der Genehmigungsfreiheit erbringt.

4. **Bescheinigung für das Grundbuchamt.** Die im Abs. 3 genannte Bescheinigung ist nicht identisch mit dem nach Abs. 2 auszustellenden Zeugnis. Dieses setzt eine Entscheidung nach Abs. 1 voraus und hat allgemeine Wirkung. Die Bescheinigung ist nur für den Grundbuchverkehr gedacht und nur zum Nachweis bestimmter Tatsachen, ohne daß eine generelle Entscheidung über die Genehmigungspflicht erfolgt ist oder auch nur zu erfolgen braucht. Die Bescheinigung soll einmal zum Nachweis darüber dienen, daß Rechtsgeschäfte vorliegen, die in den Ziff. 3—9 des § 3 GVB. aufgezählt sind und ferner zum Nachweis dafür, daß es sich überhaupt nicht um ein land- oder forstwirtschaftliches Grundstück handelt. Sofern diese Tatsachen dem Grundbuchamt nicht offenkundig sind — und das wird oft nicht der Fall sein, weil aus den Verträgen vielfach nicht hervorgeht, um was für ein Geschäft es sich im einzelnen handelt —, kann es über diese Punkte einen Nachweis verlangen, der von den Beteiligten in erleichterter Form durch die genannte Bescheinigung geführt werden kann. Diese Bescheinigung dient also dazu, dem Grundbuchamt in Zweifelsfällen die Nachprüfung von bestimmten Voraussetzungen zu ersparen, deren Feststellung nicht zu seinen Aufgaben gehört. Die Bescheinigung ist daher nicht Ausfluß einer nach Abs. 1 ergangenen Entscheidung über die Genehmigungspflicht an sich. Wenn demnach z. B. ein Grundbuchamt entgegen der Bescheinigung ein Rechtsgeschäft für genehmigungspflichtig hält, so hat erst dann die

Genehmigungsbehörde eine Entscheidung nach Abs. 1 herbeizuführen, die erst jetzt für das Grundbuchamt bindend wird (vgl. Richtlinien zu § 4 Abs. 3). Die Bescheinigung wird auf Antrag der Beteiligten ausgestellt. Die für die Erteilung der Bescheinigung in den Fällen des § 3 Abs. 1 Ziff. 6 bis 9 erforderlichen Unterlagen hat sich die Genehmigungsbehörde entweder unmittelbar bei den für diese Geschäfte zuständigen Aufsichtsbehörden zu beschaffen oder sie kann deren Beibringung den Antragstellern aufgeben.

Die Versagungsgründe.

§ 5

(1) Die Genehmigung darf nur versagt werden, wenn der Ausführung des Rechtsgeschäfts ein erhebliches öffentliches Interesse entgegensteht; dies kann insbesondere der Fall sein, wenn

1. durch die Ausführung des Rechtsgeschäfts die ordnungsmäßige Bewirtschaftung des Grundstücks zum Schaden der Volksernährung gefährdet erscheint,
oder

2. das zum Betriebe der Landwirtschaft bestimmte Grundstück an jemanden überlassen wird, der nicht als Landwirt im Hauptberuf anzusehen ist,
oder

3. das Rechtsgeschäft zum Zwecke oder in Ausführung einer unwirtschaftlichen Zerschlagung des Grundstücks erfolgt,
oder

4. durch die Ausführung des Rechtsgeschäfts die Aufhebung der wirtschaftlichen Selbständigkeit eines landwirtschaftlichen Betriebs durch Vereinigung mit einem anderen zu besorgen ist,
oder

5. der Gegenwert in einem groben Mißverhältnis zum Wert des Grundstücks steht.

(2) Bei der Veräußerung im Wege der Zwangsversteigerung (§ 2 Abs. 3) sind die Vorschriften des Absatzes 1 sinngemäß anzuwenden mit der Maßgabe, daß bei der Entscheidung über die Erteilung der Genehmigung zu dem Gebot eines dinglich Berechtigten auch seine Belange als dinglicher Gläubiger angemessen zu berücksichtigen sind.

1. **Versagung der Genehmigung.** Der § 5 GVB. regelt die Versagungsmöglichkeiten der der GVB. unterliegenden Rechtsgeschäfte und erweitert sie erheblich gegenüber der Bundesratsbekanntmachung vom 15. 3. 1918 durch die Einführung der Generalklausel vom entgegenstehenden öffentlichen Interesse. Nach der Bundesratsbekanntmachung stand die Genehmigung nicht im freien Ermessen der Behörden; sie durfte nur aus ganz bestimmten in den Ziffern 1—5 des § 3 aufgeführten Gründen versagt werden. Wenn diese jetzt in § 5 Ziff. 1—5 GVB. wiederkehrenden Gründe vorlagen, mußte aber auch zwingend die Versagung der Genehmigung erfolgen. Auch nach der GVB. ist diese Versagung der Genehmigung nicht in das freie Ermessen der zuständigen Behörden gestellt, diese sind vielmehr streng an die Grundvorschrift des § 5 GVB. gebunden. Ist diese aber gegeben, dann kann und muß die Versagung erfolgen und zwar auch, wenn nicht ausdrücklich einer der im § 5 Ziff. 1—5 GVB. aufgezählten Gründe vorliegt, weil nach der GVB. eine Genehmigung grundsätzlich versagt werden muß, wenn ihr ein erhebliches öffentliches Interesse entgegensteht. Neben dieser generellen Versagungsnorm haben also die in den Ziffern 1—5 des § 5 GVB. enthaltenen Bestimmungen nur noch die Bedeutung von Hauptbeispielen für die Versagung, während sie früher die Voraussetzung für die ablehnende Entscheidung schlechthin waren. Der § 5 GVB. bindet also die Genehmigungsbehörden in ihrer Entscheidungsfreiheit, indem er ihnen wohl die Möglichkeit gibt, aus bestimmten Gründen eine Genehmigung zu versagen, diese Möglichkeit aber an ganz bestimmte Voraussetzungen knüpft und bei ihrem Vorhandensein die Versagung gleichzeitig zwingend vorschreibt. Diese Entscheidungen sind demnach gebundene Verwaltungsakte.

2. **Erhebliches öffentliches Interesse.** Wie schon in der vorhergehenden Anmerkung ausgeführt, wird die Versagungsbefugnis der Genehmigungsbehörde beherrscht von dem Grundgedanken des öffentlichen Interesses. Immer wenn das öffentliche Interesse dagegen spricht, ist die Genehmigung eines landwirtschaftlichen Grundstücksgeschäfts zu versagen. Wie aber das Gesetz ausdrücklich sagt, muß der Ausführung eines Rechtsgeschäftes das öffentliche Interesse entgegenstehen. Um das beurteilen zu können, müssen die Auswirkungen desselben nach allen Seiten durchdacht und gegebenenfalls durch geeignete Erhebungen ermittelt werden. Nur auf diese Weise wird die geeignete Grundlage für die Entscheidung gewonnen.

Das Gesetz verlangt, daß ein erhebliches öffentliches Interesse der Genehmigung entgegenstehen muß. Das bedeutet, daß nicht jeder Umstand, der im allgemeinen Interesse liegt, die Versagung rechtfertigt. Vielmehr müssen es besonders gewichtige, allgemeingültige Gründe sein, die eine solche Entscheidung tragen sollen.

Was die GVB. unter dem „erheblichen öffentlichen Interesse" verstehen will, ist weder im Gesetz noch in den Richtlinien näher erläutert. Dieser Begriff ist auch nicht näher zu beschreiben. Er umfaßt alle diejenigen Grundsätze nationalsozialistischer Bodenpolitik, die sich aus der nationalsozialistischen Auffassung von Grund und Boden als der Grundlage des gesamten Lebens der Volksgemeinschaft ergeben. Nach dieser Anschauung ist die Verfügung über ein Stück Land nicht mehr Privatsache des einzelnen Eigentümers oder Nutzungsberechtigten, sondern ein Rechtsvorgang, der die Allgemeinheit angeht, die deshalb auch Einfluß auf seine Gestaltung zu nehmen hat. Der deutsche Boden ist nach dem neuen Recht in hohem Maße der Gemeinschaft gewidmet, die besondere Anforderungen an die Verteilung und Nutzung zum Wohle des Gesamtvolkes stellt. Das öffentliche Interesse am landwirtschaftlichen Grundstücksverkehr erschöpft sich daher in der Erfüllung dieses öffentlichen Widmungszwecks. Die Grenzen des öffentlichen Interesses, innerhalb deren eine Genehmigung versagt werden muß, werden am besten durch Beispiele abgesteckt.

Hauptbeispiele sind die schon erwähnten Ziffern 1--5 des § 5 GVB., die weiter unten besonders behandelt werden. Daneben gibt es naturgemäß eine große Zahl von anderen Versagungsgründen. Die Richtlinien führen dazu Rechtsgeschäfte an, die wesentliche staats- oder rassenpolitische Gesichtspunkte verletzen. Es bedarf keiner besonderen Hervorhebung, daß nach den aus dem Reichserbhofgesetz abzuleitenden bodenrechtlichen Grundsätzen die Veräußerung oder sonstige Übertragung von land- und forstwirtschaftlichen Grundstücken an Juden nicht mehr zugelassen werden kann. Aus demselben Grunde ist in der Regel auch die Veräußerung oder Überlassung an Ausländer und Staatenlose nicht zu genehmigen. Ebenso kann aus politischen Gründen staatsfeindlichen Inländern die Genehmigung versagt werden, wenn sie nicht mehr für würdig gehalten werden, deutschen Boden zu besitzen.

Ein erhebliches öffentliches Interesse ist immer verletzt, wenn durch die Ausführung eines Rechtsgeschäftes „eine bevorstehende Erbhofbildung zerschlagen wird oder wenn durch den Verkauf eines größeren Grundstücks die für eine Dorfgemeinschaft wesentliche Neubildung von Erbhöfen im Wege der Anliegersiedlung auf lange Sicht unmöglich gemacht wird" (Richtlinien). Die Schaffung einer möglichst großen Zahl von Erbhöfen ist eine vordringliche nationale Aufgabe. Die Genehmigung ist daher immer zu versagen, wenn ein Rechtsgeschäft die bei anderer Gestaltung mögliche Entstehung von Erbhöfen verhindert. Das ist der Fall, wenn bei einem Grundbesitzwechsel ein Erbhof nur deswegen nicht entsteht, weil das

Grundstück mit Schulden von mehr als 70% des Einheitswertes belastet wird (§ 1 Erbhofrechtsverordnung vom 23. 12. 1936). Bei dieser Sachlage ist auf die Beteiligten einzuwirken, daß sie den Vertrag so ändern, daß dieser Bestimmung genügt wird. Eine bevorstehende Erbhofbildung wird ebenfalls verhindert, wenn ein Grundstück, das die sachlichen Voraussetzungen eines Erbhofes erfüllt, an jemand veräußert wird, der zwar Landwirt im Hauptberuf ist, aber nicht die allgemeinen Voraussetzungen der Bauernfähigkeit im Sinne des Reichserbhofgesetzes (Deutschblütigkeit, Ehrbarkeit) erfüllt. Hier wird die Genehmigung zu versagen sein. Das gleiche gilt in all den Fällen, in denen durch Teilung von Grundstücken oder Änderung von Eigentumsverhältnissen ein in Aussicht stehender Erbhof nicht mehr geschaffen werden kann. Die Richtlinien weisen ausdrücklich darauf hin, daß die GVB. auch zur Förderung der Anliegersiedlung in Anspruch genommen werden kann, die zur Neubildung von Erbhöfen führt. Darüber hinaus wird von den Möglichkeiten der Bekanntmachung immer dann Gebrauch gemacht werden können, wenn ein besonders öffentliches Interesse ein bestimmtes bodenpolitisches Ziel zwingend vorschreibt.

Eine Genehmigung ist in der Regel zu versagen, wenn ein Landwirt, der bereits über mehrere Güter verfügt, weitere land- und forstwirtschaftliche Grundstücke zu erwerben beabsichtigt, weil bei unserem beschränkten Raum die Zusammenballung von Grundbesitz dem öffentlichen Interesse widerspricht. Soll ausnahmsweise die Veräußerung eines Gutes an einen Landwirt, dem bereits ein Gut gehört, genehmigt werden, müssen ganz besondere allgemeinwichtige Gründe vorliegen, die das rechtfertigen.

Wenn auch die Neubildung deutschen Bauerntums durch besondere Gesetze geregelt ist und sich außerhalb der GVB. vollzieht, so kann diese doch auch dazu dienen, die Neuschaffung von Bauernstellen zu ermöglichen, z. B. außerhalb eines Siedlungsverfahrens. Damit ist nun nicht gesagt, daß jeder Veräußerung eines Gutes, das an sich zur Siedlung geeignet ist, deswegen die Genehmigung versagt werden muß. Davon wird in der Regel abzusehen sein, wenn es sich um die unter Verwandten erfolgende Gutsüberlassung in Ausführung der vorweggenommenen Erbfolge handelt. Es sind aber Fälle denkbar, in denen ein besonderes öffentliches Interesse die Erfüllung einer Siedlungsaufgabe erfordert, z. B. wenn bei einem Gut, das durch Bauernlegen in den letzten Jahrzehnten erheblich vergrößert worden ist, durch zumutbare Landabgaben unschwer wieder Bauernstellen geschaffen werden können.

Das kann dann durch eine Auflage geschehen, die den Erwerber verpflichtet, ein bestimmtes Stück Land zu einem angemessenen Preis an einen bestimmten Erwerber zu veräußern. Die Erteilung von Auflagen in solchen Fällen ist aber eine schwierige Angelegenheit, die mit besonderer Umsicht erfolgen muß. Unzulässig dürfte z. B. die Auflage sein, daß ein Erwerber das Gut vollständig in mehrere neue Bauernstellen aufteilt, weil das die Grundlage des Rechtsgeschäftes vollkommen verändert und den Parteien nicht zugemutet werden kann. Ein derartiger Erfolg muß über die Siedlungsgesetzgebung herbeigeführt werden. Ebenso kann ein Vater nicht durch eine Auflage gezwungen werden, sein Gut unter mehrere Kinder aufzuteilen, um selbständige Höfe zu schaffen. Der Siedlungsgedanke wird bei der GVB. am besten da verwirklicht werden können, wo es sich darum handelt, durch Landzuteilungen, die das abgebende Grundstück nicht wesentlich beeinträchtigen, bereits bestehende kleine Hofstellen zu einer Ackernahrung auszubauen.

Die Generalklausel von dem öffentlichen Interesse bietet also die Möglichkeit, den landwirtschaftlichen Grundstücksverkehr im Sinne nationalsozialistischer Bodenpolitik zu steuern. Es sei aber noch einmal hervorgehoben, daß nach dem Gesetz eine Versagung der Genehmigung auf Grund der Generalklausel nur in den Fällen erfolgen soll, in denen ein erhebliches öffentliches Interesse ihre Anwendung zwingend erfordert. Im allgemeinen werden die nachstehend behandelten fünf besonderen Versagungsgründe des § 5 GVB. die hauptsächlichsten Fälle erfassen und damit zur Kontrolle des Bodenverkehrs in der Regel genügen.

3. **Gefährdung der ordnungsmäßigen Bewirtschaftung zum Schaden der Volksernährung.** Stellt die Ausführung eines Rechtsgeschäftes die ordnungsmäßige Bewirtschaftung eines Grundstückes zum Schaden der Volksernährung in Frage, so muß die Genehmigung versagt werden. Das kann der Fall sein, wenn der Erwerber nicht die nötigen landwirtschaftlichen Kenntnisse besitzt, oder wenn er beabsichtigt, das Land nicht in einer für die Volksernährung wichtigen Betriebsweise zu bewirtschaften, z. B. Ackerland in einen Park verwandeln oder landwirtschaftlich nutzbare Flächen aufforsten will. Die ordnungsmäßige Bewirtschaftung ist ebenfalls gefährdet, wenn anzunehmen ist, daß der Ankauf nur aus Spekulationsgründen erfolgte, um das Grundstück baldigst mit Gewinn weiter zu verkaufen. Die ordnungsmäßige Bewirtschaftung ist regelmäßig gefährdet, wenn der Erwerber mit zu geringem Kapital ein Grundstück kauft, so daß er mit der Bewirtschaftung nicht zurechtkommen kann, sei es, daß er eine zu geringe Anzahlung leistet oder daß er kein Betriebskapital mehr behält. Derartige Fälle, die im landwirtschaftlichen Grundstücksverkehr sehr häufig vorkommen, müssen in Zukunft verhindert werden, damit die in allen Gegenden bekannten Grundstücke, die aus diesen Gründen verwahrlost sind, ver-

schwinden. Die Sicherung der Volksernährung ist besonders in der Zeit des Vierjahresplanes bei der Steuerung des landwirtschaftlichen Grundstücksverkehrs zu berücksichtigen, hinter die andere volkswirtschaftliche oder betriebswirtschaftliche Gesichtspunkte bei der Beurteilung von genehmigungspflichtigen Rechtsgeschäften zurücktreten müssen. Auf die Prüfung dieser Fragen werden die Kreis- und Landesbauernführer daher in besonderem Maße in ihrer Stellungnahme Wert legen müssen.

4. **Verkauf an Nichtlandwirte.** Die Richtlinien erläutern diesen Versagungsgrund dahin:

„Die Ziff. 2 des Abs. 1 stellt einen selbständigen, ohne Zusammenhang mit der Ziff. 1 stehenden Versagungsgrund dar, d. h. auch wenn durch die Überlassung eines zum Betriebe der Landwirtschaft bestimmten Grundstücks an einen Nichtlandwirt die Volksernährung nicht gefährdet erscheint, ist in der Regel die Genehmigung aus grundsätzlichen Erwägungen zu versagen, da der landwirtschaftlich genutzte Grund und Boden in die Hand des Bauern und Landwirts gehört. Nur in den Fällen, in denen beim Vorliegen schlechter Bodenverhältnisse auf Grund des wirtschaftlichen Zustandes des Grundstücks ein mit normalen Geldmitteln ausgestatteter Landwirt sein Fortkommen nicht finden dürfte, kann die Genehmigung auch trotz des Vorliegens des Versagungsgrundes der Ziff. 2 erteilt werden, sofern der Nichtlandwirt die blutmäßigen und charakterlichen Voraussetzungen, die an einen Bewirtschafter deutschen Grund und Bodens zu stellen sind, erfüllt. Eine derartige Genehmigung wird aber immer zu den großen Ausnahmen zu rechnen haben."

Es kommt also darauf an, ob der Käufer oder Pächter eines Grundstückes zur Zeit der Genehmigung als Landwirt im Hauptberuf anzusehen ist. Es genügt nicht, daß der Betreffende früher einmal in der Landwirtschaft tätig war oder auch Eigentümer eines landwirtschaftlichen Grundstückes gewesen ist. Die Entscheidung dieser Frage werden die Genehmigungsbehörden im Einvernehmen mit den Organen des Reichsnährstandes zu treffen haben, deren Beurteilung hierfür maßgeblich ist. Von der richtigen Anwendung der in Ziff. 2 enthaltenen Bestimmung hängt es ab, ob die besonders in Zeiten wachsenden wirtschaftlichen Wohlstandes festzustellende Überfremdung des landwirtschaftlichen Besitzes durch Nichtlandwirte vermieden wird. Ein Übergang von landwirtschaftlichen Grundstücken an Nichtlandwirte, die meist nur zum Zwecke der Kapitalsanlage erfolgt, ist in Anbetracht des knappen deutschen Bodens nicht erwünscht. Das gilt besonders in einer Zeit, in der ein erheblicher Landbedarf der öffentlichen Hand landwirtschaftliche Flächen in größerem Maße in Anspruch nimmt. Eine Ausnahme bildet hier lediglich der in den Richtlinien erwähnte Fall, daß ein mit normalen Geldmitteln ausgestatteter Landwirt bei schlechten Bodenverhältnissen nicht sein Fortkommen findet.

Der hier behandelte Versagungsgrund schließt also nicht grundsätzlich den Erwerb von landwirtschaftlichen Grundstücken durch Nichtlandwirte aus. Genehmigt werden kann z. B. auch der Erwerb eines Gutes durch einen Nichtlandwirt für seinen noch in der Ausbildung befindlichen Sohn, der Landwirt werden will. Allerdings ist hier durch entsprechende Auflagen dafür zu sorgen, daß nach einer bestimmten Zeit die Übertragung an den Sohn erfolgt und bis dahin eine ordnungsmäßige Bewirtschaftung sichergestellt wird.

Nicht ausgeschlossen ist naturgemäß die Versagung der Genehmigung, wenn es sich zwar um einen Landwirt im Hauptberuf handelt, dieser aber nicht die blutmäßigen und charakterlichen Voraussetzungen erfüllt, die an einen Bewirtschafter deutschen Bodens zu stellen sind. Hat ein Landwirt z. B. durch ständige Verfehlungen gegen die im Interesse der Volksernährung oder der Marktordnung erlassenen Vorschriften seine Unzuverlässigkeit bewiesen, so ist die Genehmigung zu versagen.

Da § 5 Abs. 1 Ziff. 2 GVB. nur von Grundstücken spricht, die zum Betriebe der Landwirtschaft bestimmt sind, gelten diese Ausführungen nicht für Forstgrundstücke. Ein Erwerb von forstwirtschaftlichen Grundstücken durch Nichtforstwirte ist zulässig, sofern nicht aus den übrigen Bestimmungen der GVB. ein Versagungsgrund zu entnehmen ist. Das trifft aber auch nur bei Forstgrundstücken zu; die landwirtschaftlichen Sonderkulturen wie Weinbau, Gärtnerei usw., auch die Fischwirtschaft rechnen zur Landwirtschaft und unterliegen damit dieser Bestimmung.

5. **Unwirtschaftliche Zerschlagung des Grundstücks** liegt vor, wenn eine Aufteilung erfolgt, die von vornherein das wirtschaftliche Fortkommen des Käufers gefährdet, indem etwa die besten Landstücke abverkauft werden und ein unwirtschaftlich zerschnittenes mit Gebäuden überlastetes Restgrundstück übrigbleibt. Die Veräußerung von Waldparzellen zur Abholzung, deren Wiederaufforstung nicht gesichert ist, ist eine unwirtschaftliche Zerschlagung. Das gleiche gilt, wenn bei einer Teilung von Grundstücken die Belange der Landeskultur gröblich verletzt werden. Es ist also nicht jede Aufteilung von Grundstücken eine unerwünschte Zerschlagung, sondern nur dann, wenn sie unwirtschaftlich zerschlagen werden, wobei die Unwirtschaftlichkeit nach allgemeinen betriebswirtschaftlichen und privatwirtschaftlichen Gesichtspunkten beurteilt werden kann.

6. **Aufhebung der Selbständigkeit eines landwirtschaftlichen Betriebes.** Die nationalsozialistische Agrarpolitik wünscht eine möglichst große Zahl landwirtschaftlicher Betriebe, vor allem lebensfähiger kleiner und mittlerer Bauernhöfe, die gleichmäßig über das ganze Land verteilt, die beste Gewähr für die Gesunderhaltung von Volk und Staat bilden. Nach diesem im Reichserbhofgesetz niedergelegten Grundsatz verbietet sich in jedem Falle die Genehmigung eines Rechtsgeschäftes, durch das ein bestehender selbständiger landwirtschaftlicher Betrieb aufgehoben oder mit einem anderen vereinigt wird. Jedem Zusammenkauf von selbständigen Grundstücken und jeder Zusammenlegung zu einem gemeinschaftlichen Betrieb ist daher die Genehmigung zu versagen. Da solche Absichten aus den Verträgen meist nicht zu ersehen sind, muß in allen Fällen, in denen der Erwerber bereits über landwirtschaftlichen Grundbesitz verfügt, durch entsprechende Auflagen sichergestellt werden, daß die Selbständigkeit des einzelnen Betriebes erhalten bleibt.

7. **Mißverhältnis zwischen Wert und Preis.** Die Möglichkeiten zur Lenkung des landwirtschaftlichen Grundstücksverkehrs wären unvollkommen, wenn nicht auch eine Einflußnahme auf die Preisgestaltung gegeben wäre. Während die Bundesratsbekanntmachung vom 15. 3. 1918 nur Kaufverträge verhindern wollte, die unter Ausbeutung einer Notlage zu einem unangemessen niedrigen Preis zustande gekommen waren, ist jetzt schlechthin allen entgeltlichen Verträgen die Genehmigung zu versagen, bei denen der Gegenwert in einem groben Mißverhältnis zum Wert des Grundstückes steht. Das bedeutet eine Erweiterung gegenüber dem früheren Rechtszustand insofern, als nicht nur Kaufverträge über landwirtschaftliche Grundstücke, sondern auch Pachtverträge und alle sonstigen entgeltlichen Grundstücksgeschäfte unter diese Bestimmungen fallen. Es gehören aber andererseits auch nur Geschäfte hierher, bei denen wirklich eine Gegenleistung zu erbringen ist. Wenn ein Grundstück verschenkt wird, oder beide Vertragsparteien absichtlich einen niedrigen Preis vereinbaren, um den Erwerber aus irgendeinem Grunde zu begünstigen, so darf auf Grund dieser Bestimmung die Genehmigung zu einem solchen Rechtsgeschäft nicht versagt werden, weil es nicht im Sinne der GVB. liegt, derartige unentgeltliche oder teilweise unentgeltliche Verträge zu verhindern. Das gilt in besonderem Maße für die Gutsüberlassungsverträge unter Verwandten, bei denen mit Rücksicht auf die vorweggenommene Erbfolge meistens eine volle Gegenleistung nicht erfolgt. Wenn wegen eines unangemessen niedrigen Preises eine Genehmigung nicht erteilt werden soll, wird es sich daher in der Regel um Fälle handeln, in denen eine

besondere Notlage des Veräußerers ausgenutzt wird. Die Genehmigung ist aber auch dann zu versagen, wenn ein unangemessen hoher Preis vereinbart ist. Der deutsche Grund und Boden ist kein Spekulationsobjekt und keine Ware mit auf- und abschwankenden Preisen. Wenn ein Grundstücksgeschäft vorgenommen werden soll, so soll der gerechte Preis gezahlt werden, der unter Berücksichtigung aller Umstände im angemessenen Verhältnis zum Wert des Grundstückes steht.

Die Beurteilung des angemessenen Preises ist bei land- und forstwirtschaftlichen Grundstücken äußerst schwierig, weil die Preisbildung von vielen unterschiedlichen Faktoren abhängig ist. Daher verlangt das Gesetz von den Genehmigungsbehörden nicht etwa eine eingehende Wertermittlung, weil ja nur ein grobes Mißverhältnis zwischen Wert und Preis zur Versagung der Genehmigung führt. Jede geringfügige Unter- oder Überschreitung des richtigen Preises ist ohne Bedeutung. Liegt aber ein grobes Mißverhältnis zwischen Wert des Grundstückes und dem vereinbarten Preis vor, so wird dieses sofort erkennbar sein, ohne daß es näherer Feststellungen bedarf. Die Genehmigungsbehörde entscheidet hierüber nach freiem Ermessen in Anlehnung an die Stellungnahme des Kreis- oder Landesbauernführers, dessen Beurteilung gerade in diesem Punkte von besonderer Bedeutung ist. Bei der Feststellung des angemessenen Preises können Steuerwerte oder frühere Kaufpreise eine Unterlage bilden, maßgebend ist aber der Ertragswert des Grundstücks.

Es ist schon früher (S. 45) darauf hingewiesen worden, daß die Änderung des vereinbarten Preises nicht im Wege der Auflage durchgesetzt werden kann. Ist eine Preisfestsetzung unangemessen hoch oder niedrig, so muß den Vertragsparteien nahegelegt werden, die Preise entsprechend zu ändern, weil sonst die Genehmigung versagt wird. Es muß dann den Parteien überlassen bleiben, dieser Anweisung nachzukommen. Die Strafbestimmungen des § 9 und der in der Regel gewollte wirtschaftliche Erfolg des Vertrages bieten Gewähr genug, daß Umgehungen des Gesetzes verhindert werden.

8. **Nichtgenehmigung von Geboten in der Zwangsversteigerung.** Um den landwirtschaftlichen Grundstücksverkehr in seiner Gesamtheit zu erfassen, ist auch die Abgabe von Geboten in der Zwangsversteigerung genehmigungspflichtig gemacht worden. Alles, was in den vorhergehenden Anmerkungen über die Versagung von Genehmigungen bei Rechtsgeschäften ausgeführt ist, gilt entsprechend auch bei Zwangsversteigerungen. Die Genehmigung für die Abgabe von Geboten darf nicht erteilt werden, wenn ein erhebliches öffentliches Interesse dagegen spricht, oder einer der in den Ziffern 1—5 von Abs. 1 enthaltenen Versagungsgründe vorliegt.

Juden und Ausländer können daher die Genehmigung nicht erhalten. Das gleiche gilt in der Regel für Nichtlandwirte. Ist einer der in Ziff. 1, 3 oder 4 genannten Fälle zu befürchten, so ist die Genehmigung nur unter Auflagen zu erteilen, die ein solches unerwünschtes Ergebnis verhindern, oder ganz zu versagen. Zur Verhinderung der unwirtschaftlichen Zerschlagung eines Grundstückes wird die Genehmigung zweckmäßig auf das Gesamtausgebot beschränkt werden, um Einzelausgebote unmöglich zu machen, die bei mehreren eine Wirtschaftseinheit bildenden aber rechtlich selbständigen Grundstücken praktisch eine Parzellierung herbeiführen können (vgl. dazu Anm. 8 S. 42). Ebenso kann ein grobes Mißverhältnis zwischen Wert und Preis des Grundstückes, was bei Zwangsversteigerungen häufig zu beobachten ist, dadurch ausgeschlossen werden, daß die Genehmigung zur Abgabe von Geboten mit der Beschränkung erteilt wird, daß das Gebot sich innerhalb einer bestimmten angemessenen Preisspanne bewegt. Dann ist das Gebot nur wirksam, wenn es sich in diesem von der Behörde festgelegten Rahmen bewegt. Ist es höher oder niedriger, muß es vom Vollstreckungsgericht als unwirksam zurückgewiesen werden.

Bei der Zwangsversteigerung bedürfen die Belange der dinglichen Gläubiger besonderer Berücksichtigung. Das Gesetz schreibt deshalb vor, daß diese bei Erteilung der Genehmigungen für die Gebote angemessen zu berücksichtigen sind, wobei selbstverständlich die allgemeinen Ziele der GVB. nicht außer acht gelassen werden dürfen. Die Genehmigung zur Abgabe eines Gebotes muß daher einem dinglichen Gläubiger nicht in jedem Falle erteilt werden, sie kann vielmehr auch versagt werden, wenn ein erhebliches öffentliches Interesse verletzt wird oder einer der in den Ziffern 1—5 des Absatzes 1 genannten Fällen dies aus besonderen Gründen erfordert. Die Richtlinien ordnen hierzu an, daß die Genehmigung an ein unter staatlicher Aufsicht stehendes öffentliches Kreditinstitut zu erteilen ist, wenn es zur Sicherung seiner dinglichen Belastung ein Grundstück ersteigern will. Das Verbleiben des Grundstückes in der Hand des Kreditinstitutes kann durch die Auflage einer in angemessener Frist vorzunehmenden Weiterveräußerung verhindert werden.

Die Berücksichtigung der Interessen der dinglichen Gläubiger wie überhaupt die Erteilung der Genehmigung zur Abgabe von Geboten in einer Zwangsversteigerung ist eine außerordentlich schwierige Sache, die eine eingehende verständnisvolle Prüfung jedes einzelnen Falles unter weitgehender Hinzuziehung der Beteiligten erfordert, wenn die Ziele der GVB. ohne Schaden verwirklicht werden sollen.

Widerspruch im Grundbuch.

§ 6

(1) Ist im Grundbuch auf Grund eines nicht genehmigten Rechtsgeschäfts eine Rechtsänderung eingetragen, so kann die zuständige Behörde, falls nach ihrem Ermessen die Genehmigung erforderlich war, das Grundbuchamt um die Eintragung eines Widerspruchs ersuchen. § 53 Abs. 1 der Grundbuchordnung in der Fassung vom 5. August 1935 (Reichsgesetzbl. I S. 1073) bleibt unberührt.

(2) Ein nach Abs. 1 eingetragener Widerspruch ist zu löschen, wenn die zuständige Behörde darum ersucht oder wenn die Genehmigung erteilt ist.

1. **Widerspruch im Grundbuch.** Ein unter die Bestimmungen der GVB. fallendes Rechtsgeschäft ist so lange unwirksam, bis die Genehmigung erteilt ist. Das Grundbuchamt kann daher eine Eintragung im Grundbuchamt erst vornehmen, wenn die Genehmigung vorliegt und dem Grundbuchamt nachgewiesen wird. Im allgemeinen werden daher Grundbucheintragungen auf Grund nicht genehmigter Verträge nicht vorkommen. Trotzdem sind Fälle denkbar, bei denen die Genehmigungsbedürftigkeit nicht von vornherein zu erkennen ist, z. B. bei den auf S. 27 erwähnten Kettengeschäften, bei denen nacheinander unter der Mindestgrenze liegende Teilstücke veräußert werden. Ist in einem solchen Falle die Eintragung der Eigentumsänderung im Grundbuch erfolgt, so ist das Grundbuch unrichtig geworden, da die Eintragung auf Grund eines unwirksamen Vertrages vorgenommen wurde. Das Grundbuch stimmt nicht mehr mit der wirklichen Rechtslage überein. Um die hierdurch entstehende Unklarheit vor allem bei weiteren Geschäften und die damit verbundenen rechtlichen Schwierigkeiten zu beheben, kann ein Widerspruch gegen die Richtigkeit des Grundbuches eingetragen werden, der die Beteiligten zwingt, entweder die erforderliche Genehmigung einzuholen oder von der Ausführung des Vertrages ganz abzusehen.

2. **Eintragung von Amts wegen.** Wird dem Grundbuchamt ein Fall bekannt, in dem eine Eintragung nach einem nicht genehmigten Vertrage erfolgt ist, so hat es gemäß § 53 GBO. von Amts wegen einen Widerspruch einzutragen, weil die Eintragung unter Verletzung gesetzlicher Vorschriften vorgenommen wurde. § 6 GVB. läßt diese Vorschrift unberührt. Das Grundbuchamt braucht also einen derartigen Antrag der Genehmigungsbehörde nicht abzuwarten, sondern kann von selbst nach § 53 GBO. vorgehen. Die Eintragung eines solchen von Amts wegen erfolgenden Widerspruchs hat die praktische

Wirkung, daß eine weitere Verfügung über das Grundstück nicht mehr möglich ist. Aus den Vorgängen, die zu dem Widerspruch führten, weiß der Grundbuchrichter, daß das Grundbuch mit der wahren Rechtslage nicht im Einklang steht, daß also der eingetragene Eigentümer in Wahrheit nicht Eigentümer und damit nicht verfügungsberechtigt ist. Wenn dieser nun eine weitere Eintragung beantragt, so wird das Grundbuchamt in der Regel diesen Antrag zurückweisen, weil er von einem Nichtberechtigten ausgeht.

3. **Eintragung auf Ersuchen der Genehmigungsbehörde.** § 6 GVB. sieht vor, daß die Eintragung des Widerspruchs auch auf Ersuchen der Genehmigungsbehörde erfolgen kann. Das Grundbuchamt muß einem solchen Ersuchen nach § 39 GBO. nachkommen. Die Eintragung auf Ersuchen der Behörde hat vor allem Bedeutung, wenn Grundbuchamt und Behörde verschiedener Ansicht über die Genehmigungsbedürftigkeit eines Rechtsgeschäftes sind, und eine Entscheidung nach § 4 GVB. nicht herbeigeführt ist. Ist in einem solchen Falle die Rechtsänderung im Grundbuch eingetragen worden, so wird dies unrichtig, sobald die zuständige Behörde nach § 4 GVB. entschieden hat, daß eine Genehmigung erforderlich ist. Denn diese Entscheidung hat bindende Kraft für Gerichte und Verwaltungsbehörden und bewirkt dadurch die Unrichtigkeit des Grundbuches, weil nunmehr feststeht, daß die Eintragung auf Grund eines unwirksamen Vertrages erfolgte. Die Genehmigungsbehörde kann aber ein Ersuchen auf Eintragung eines Widerspruchs an das Grundbuchamt auch richten, ohne eine förmliche Entscheidung nach § 4 GVB. getroffen zu haben. Es genügt nach § 6 GVB. zu diesem Ersuchen die Feststellung, daß nach ihrem Ermessen die Genehmigung erforderlich ist. Der auf Ersuchen der Behörde einzutragende Widerspruch hat dieselbe Wirkung wie der von Amts wegen eingetragene. Theoretisch hindert er zwar den eingetragenen Berechtigten nicht an weiteren Verfügungen über das Grundstück, praktisch muß sich der Widerspruch aber dahin auswirken, daß das Grundbuchamt etwaige weitere Eintragungsanträge zurückweisen muß, weil ihm aus dem Ersuchen der Behörde bekannt ist, daß der Antragsteller nicht verfügungsberechtigt ist, da seine Eintragung auf Grund eines unwirksamen Vertrages unter Verletzung gesetzlicher Vorschriften erfolgte. Der Widerspruch ist also für die Behörde ein wirksames Mittel, um die Umgehung des Genehmigungszwanges zu verhindern.

4. **Löschung des Widerspruchs.** Die Löschung des Widerspruchs erfolgt entweder auf Ersuchen der Behörde oder von Amts wegen nach erteilter Genehmigung. Ist die Genehmigung nachträglich erteilt, so hat der Grundbuchrichter den Widerspruch zu löschen, ohne daß es eines Ersuchens der Genehmigungsbehörde bedarf. Im anderen Falle ist die Löschung

nur auf Ersuchen der Behörde zulässig und zwar auch bei dem von Amts wegen gemäß § 53 GBO. eingetragenen Widerspruch. Eine Löschung des Widerspruchs auf Antrag der Parteien ist in keinem Fall zulässig. Wird eine Genehmigung nachträglich nicht erteilt, so kann nur eine Grundbuchberichtigung erfolgen, die die Übereinstimmung von Grundbuch und wirklicher Rechtslage wiederherstellt und damit den Widerspruch gegenstandslos macht.

5. **Keine Beschwerde.** Gegen die Eintragung eines Widerspruchs ist gemäß § 71 Abs. 2 GBO. eine Beschwerde nicht gegeben. Auch eine Beschwerde gegen das Ersuchen der Behörde an das Grundbuchamt auf Eintragung des Widerspruchs ist unzulässig, da § 7 GVB. eine solche Beschwerde nicht vorsieht. Den Widerspruch können die Beteiligten nur beseitigen, wenn sie nachträglich die Genehmigung einholen oder eine Entscheidung der Behörde nach § 4 GVB. herbeiführen.

Beschwerderecht.

§ 7

Wird die Genehmigung nicht oder unter Auflagen erteilt, so steht jedem Teile binnen zwei Wochen seit der Bekanntmachung der Entscheidung an ihn die Beschwerde zu. Die Entscheidung über die Beschwerde ist endgültig. Soll die Genehmigung versagt oder unter einer Auflage erteilt werden, so sind beide Teile, soweit tunlich, zu hören.

1. **Die Entscheidung der Genehmigungsbehörde** kann nur eine Genehmigung (§ 2, Abs. 1), eine Genehmigung unter Auflagen (§ 2, Abs. 4) oder eine Versagung der Genehmigung (§ 5) zum Inhalt haben. Außer dieser regelmäßig zu treffenden Entscheidung bei der Vorlage eines Vertrages kennt die GVB. eine nach § 4 in Zweifelsfällen vorzunehmende Entscheidung darüber, ob die Genehmigung an sich erforderlich ist oder nicht, die lediglich zur Klarstellung dieser Frage dient. Diese Form der behördlichen Entscheidung, die in Anm. 1 zu § 4 näher behandelt ist, muß bei der Erläuterung der Genehmigungsentscheidung selbst außer Betracht bleiben, da sie keine wirkliche Entscheidung über ein bestimmtes Rechtsgeschäft darstellt und auch anders zu behandeln ist als diese (vgl. § 4 Anm. 1 und 2).

Die Entscheidung der Genehmigungsbehörde ergeht auf Antrag der Parteien. Es genügt, daß eine Vertragspartei die Genehmigung einholt. Um der Behörde die Entscheidung zu erleichtern und zeitraubende Ermittlungen zu ersparen, werden zweckmäßig die Verträge vollständige Angaben über die nach der GVB. für die Entscheidung wesentlichen Gesichtspunkte (§§ 2, 3, 5) enthalten, oder es werden dem Antrag die hierfür notwendigen Unterlagen beigegeben, z. B. Zeugnisse darüber, daß der Käufer im Hauptberuf Landwirt ist. Eine Frist für die Antragstellung ist nicht vorgeschrieben. Es ergibt sich aber aus der Strafbestimmung des § 9, daß die Anträge binnen drei Monaten nach Vornahme des Rechtsgeschäftes der Behörde eingereicht sein müssen, weil sonst eine Bestrafung mit Gefängnis oder Geldstrafe erfolgen kann. Notarielle Verträge werden von den Notaren den Genehmigungsbehörden vorgelegt; diese sind auch verpflichtet, die Beteiligten auf die Genehmigungspflicht hinzuweisen (AV. vom 19. 3. 1921, JMBl. S. 212). Die rechtzeitige Einholung der Genehmigung ist vor allem bei Pachtverträgen wichtig, die in der Regel nicht notariell geschlossen werden und deswegen zur Zeit der Bundesratsbekanntmachung nur ausnahmsweise zur Genehmigung vorgelegt wurden. Die Erfahrung zeigt, daß heute noch eine große Zahl von Pachtverträgen besteht, die vor dem 1. 2. 37 abgeschlossen sind und die auch nach der Bundesratsbekanntmachung erforderliche Genehmigung nicht erhalten haben. Abgesehen von der Strafbarkeit sind alle diese Verträge unwirksam und können daher zu den größten Schwierigkeiten führen. Es ist auch zu beachten, daß nach der neuen Regelung der Kreis der genehmigungspflichtigen Verträge erweitert ist, was vor allem auf Pachtverträge für Kirchenländereien zutrifft.

Die Anträge können zurückgenommen werden, solange die Behörde noch nicht entschieden hat (RG. 130. 407) auch noch in der Beschwerdeinstanz. Die Rücknahme ist aber nur im Einverständnis aller Beteiligten möglich, eine einseitige Rücknahme ist wegen der vertraglichen Bindung ausgeschlossen (vgl. Anm. 7 zu § 2).

Die für die Genehmigung zuständige Behörde wird von den obersten Landesbehörden bestimmt (§ 11 GVB.). Über die Genehmigungsbehörden siehe Anm. 1 zu § 11. Diese haben die einzelnen Fälle nach allen Richtungen hin zu prüfen und alle für die Entscheidung notwendigen Ermittlungen anzustellen. Die Richtlinien weisen darauf hin, daß jeder einzelne Fall bis ins einzelne durchdacht und den tatsächlichen, in jedem Fall andersliegenden Verhältnissen entsprechend entschieden werden muß, weil eine starre Handhabung der Grundsätze ohne Rücksicht auf den Einzelfall mehr Schaden als Nutzen anrichten würde. Die Genehmigungsbehörden haben außerdem die Stellungnahmen des Reichsnährstandes (§ 2 Abs. 5) und gegebenenfalls der Siedlungsbehörde (Kulturamt) sowie der staatlichen Forstaufsichtsbehörden bei Forstgrundstücken (AV. vom 7. 5. 1937, Anhang Nr. 8) einzuholen. Die Prüfung ist beschleunigt vorzunehmen, damit der bis zur Entscheidung andauernde Schwebezustand möglichst abgekürzt wird. Die Richtlinien ordnen in diesem Zusammenhang an, daß die für die richtige Beurteilung eines Genehmigungsantrages notwendige eingehende Fühlungnahme mit Reichsnährstand und Siedlungsbehörde die Entscheidung über einen Genehmigungsantrag nicht wesentlich verzögern dürfe. Es wird der größte Wert darauf gelegt, „daß die Ermittlungen, die auf Grund der Bekanntmachung anzustellen sind, von allen beteiligten Stellen so vordringlich bearbeitet werden, daß der für die vertragschließenden Teile und für das Grundstück besonders schädliche Schwebezustand bis zur Entscheidung über die Genehmigung, soweit es irgend mit einer eingehenden Prüfung zu vereinbaren ist, möglichst abgekürzt wird" (Richtlinien zu § 7).

Die Prüfung der Behörde darf sich nur auf die Erfordernisse der GVB. erstrecken, muß sich also im wesentlichen in dem in den §§ 1—3 und 5 GVB. gegebenen Rahmen halten. Da die Bekanntmachung auch Ziele verfolgt, die vielfach erst nach der Durchführung des Rechtsgeschäftes zu erkennen sind (§ 5 Ziff. 1, 3 und 4), muß die Nachprüfung sich ebenfalls auf diese durch die Ausführung eintretenden Folgen erstrecken, aber nur insoweit, als die bodenpolitischen Zwecke der Bekanntmachung es erfordern. Eine Nachprüfung der persönlichen Zweckmäßigkeit oder der privatwirtschaftlichen Folgen eines Rechtsgeschäftes gehört nicht zu den Aufgaben der Behörde und wird von dieser auch nicht vorgenommen. Es können daher aus der Entscheidung der Behörde keine Folgerungen gezogen werden, die die rechtlichen Beziehungen der Vertragsparteien im einzelnen betreffen, weil die Entscheidung nur öffentlich-rechtliche Gesichtspunkte berücksichtigt. Noch weniger können deshalb aus der Erteilung oder Versagung der Genehmigung Rechtsansprüche gegen die Genehmigungsbehörde abgeleitet werden, die auf den in den Verträgen selbst liegenden Fehlern beruhen. Unberührt bleibt naturgemäß die allgemeine Haftung des Staates für fehlerhafte Verwaltungsakte oder Amtspflichtverletzungen seiner Beamten.

Die Behörden treffen ihre Entscheidungen auf Grund der GVB. nicht nach freiem Ermessen. Sie sind vielmehr, wie sich aus § 5 ergibt, eng an das Gesetz gebunden. Die Genehmigung muß immer erteilt werden, sofern nicht einer der in § 5 aufgeführten Versagungsgründe vorliegt. Allerdings unterliegt hierbei die Frage, ob einem beabsichtigten Rechtsgeschäft ein erhebliches öffentliches Interesse entgegensteht, dem freien Ermessen der Behörde. Diese darf aber bei der Entscheidung dieser Frage auch nur die wesentlichen bodenpolitischen Ziele der Bekanntmachung berücksichtigen und nicht jedes öffentliche Interesse, das an sich erwünscht sein mag, heranziehen. Die Behörde ist also auch bei dieser Entscheidung an das Gesetz gebunden. Die regelmäßigen Entscheidungen der Behörden stellen also gebundene Verwaltungsakte dar, die für die Beteiligten deswegen von besonderer Bedeutung sind, weil sie rechtserzeugende oder rechtsvernichtende Wirkung haben (Genehmigung oder Versagung).

Aus dem Umstand, daß die Entscheidung nach dem Gesetz erlassen werden muß, also nicht im freien Ermessen der Behörde steht, und demnach ein gebundener Verwaltungsakt ist, folgt, daß die Behörde die einmal erlassene Entscheidung nicht widerrufen darf. Das ergibt sich nach allgemeinen verwaltungsrechtlichen Grundsätzen auch daraus, daß Verwaltungsakte, die rechtsbegründende oder rechtsvernichtende Wirkung haben, nicht frei widerruflich sind. Denn andernfalls würde man die Ungewißheit für die Beteiligten durch die Verewigung eines Schwebezustandes und der damit zusammenhängenden Schäden für die Grundstücke nur vergrößern. Das liegt aber nicht im Interesse eines klaren Geschäftsverkehrs, den auch die GVB. wünscht. Für den Bereich dieses Gesetzes ist die Unwiderruflichkeit der einmal getroffenen Entscheidung um so wesentlicher, als diese maßgeblich auf die Gestaltung der ihr unterliegenden Rechtsgeschäfte einwirkt und daher schnell und endgültig klare Rechtsverhältnisse schaffen muß. Die Unwiderruflichkeit der behördlichen Entscheidung ist für das Gebiet der Bundesratsbekanntmachung mehrfach vom Reichsgericht festgestellt worden (RG. 103, 104; 110, 364; 118, 230). Bei der GVB. liegen die Verhältnisse nicht anders, so daß diese Urteile des Reichsgerichts auch heute noch zutreffen.

Eine Abänderung der Entscheidung ist naturgemäß so lange möglich, bis sie den Beteiligten zugegangen oder sonst wirksam geworden ist. Von diesem Augenblick an ist sie dann aber unwiderruflich. Auch auf die nach § 7 GVB. eingelegte Beschwerde kann die untere Genehmigungsbehörde in der Regel ihre Entscheidung nicht mehr ändern, sondern muß das der Beschwerdeinstanz überlassen. Unberührt bleiben hierbei die allgemeinen verwaltungsrechtlichen Grundsätze über die Aufhebung und Ungültigkeit von fehlerhaften Verwaltungsakten.

Die Genehmigung ist wie die anderen Entscheidungen auf Grund der GVB. ein staatlicher Hoheitsakt, der dem öffentlichen Recht angehört. Sie ist daher nicht mit der privatrechtlichen Zustimmung der §§ 182 ff. BGB. gleichzustellen. Diese Vorschriften, vor allem die §§ 183, 184 BGB. können daher nicht ohne weiteres Anwendung finden (RG. 106, 142; Predari S. 441; Peters S. 231).

2. **Die Form der Entscheidung** ist in der GVB. nicht vorgeschrieben. Sie erfolgt schriftlich und muß, soweit eine Beschwerde gegen sie gegeben ist, auch den Beteiligten zugestellt

werden, damit die Beschwerdefrist des § 7 GVB. in Lauf gesetzt wird. Zum Nachweis des Beginns dieser Frist ist die Zustellung erforderlich, obwohl das Gesetz nur von einer Bekanntmachung an die Parteien spricht. Die Zustellung braucht nicht eine förmliche im Sinne der ZPO. zu sein, es ist aber eine solche Form erforderlich, bei der der Zeitpunkt der Mitteilung oder Aushändigung des Bescheides urkundlich festgestellt werden kann. Vor der Zustellung eines dieser Form genügenden Bescheides beginnt die Beschwerdefrist nicht zu laufen, kann also auch nicht versäumt werden (RG. in JW. 1921, S. 574). Die Entscheidung soll auch eine Belehrung über das Beschwerderecht enthalten. Wird die Genehmigung versagt oder nur unter Auflagen erteilt, so muß die Entscheidung auch begründet werden, um den Beteiligten Aufschluß über die für sie maßgeblichen Gründe zu geben (RG. 102, 1). Die Erteilung einer Genehmigung bedarf selbstverständlich keiner Begründung und wird wohl meist in einem urkundlichen Vermerk auf dem eingereichten Vertrag erfolgen. In Preußen ist das durch eine AV. vom 25. 2. 1924 (LMBl. 152) vorgeschrieben.

3. **Beschwerderecht.** Gegen die Versagung einer Genehmigung oder gegen die Erteilung einer Genehmigung unter Auflagen (nicht bei einer glatten Genehmigung), ist den Beteiligten ein förmliches Beschwerderecht gegeben. Die Beschwerde ist fristgebunden und muß binnen zwei Wochen nach Zustellung der anzufechtenden Entscheidung erhoben werden. Die Wiedereinsetzung in den vorigen Stand wegen unverschuldeter Fristversäumnis ist bis zur Schaffung eines einheitlichen Reichsverwaltungsrechts nach Landesrecht zu beurteilen. In Preußen ist sie nach § 52 II des Landesverwaltungsgesetzes möglich, in den anderen Ländern richtet sich die Wiedereinsetzung nach den entsprechenden Landesverwaltungsgesetzen.

Die Beschwerde steht nur den unmittelbar Beteiligten zu, also in der Regel dem Käufer und Verkäufer, dem Pächter und Verpächter. Dritte Personen, die nicht unmittelbar betroffen werden, haben kein Beschwerderecht, denn § 7 GVB. räumt nur „jedem Teil" eines Vertrages, d. h. den Vertragschließenden, ein Beschwerderecht ein.

Die Beschwerde ist bei der Behörde anzubringen, deren Entscheidung angefochten wird. Die Einlegung der Beschwerde bei der für die Beschwerdeentscheidung selbst zuständigen Behörde ist wirksam und genügt zur Fristwahrung.

Die Anbringung der Beschwerde beim Reichsernährungsminister genügt nicht zur Fristwahrung, da er nicht Beschwerdeinstanz ist, das gleiche gilt bei allen anderen Behörden, die für die Entscheidung nicht zuständig sind. Die Beschwerde muß schriftlich vorgebracht werden.

Bei der Entscheidung über die Beschwerde gelten dieselben Grundsätze, die für das Genehmigungsverfahren der zuständigen Behörde maßgebend sind. Die Anhörung des Kreis- oder Landesbauernführers oder der Siedlungsbehörde muß auch im Beschwerdeverfahren erfolgen. Ebenso sind die Beteiligten, soweit tunlich, zu hören. Siehe im übrigen hierzu Anm. 1. Die Entscheidung über die Beschwerde ist endgültig. Eine weitere Retursmöglichkeit ist nicht gegeben, eine nachträgliche Abänderung wegen des unwiderruflichen Charakters der Entscheidung nicht möglich.

Die zuständigen Beschwerdebehörden ergeben sich aus den Anordnungen der obersten Landesbehörden nach § 10 (vgl. Anm. 1 zu § 10).

4. Neben der förmlichen Beschwerde nach § 7 ist die überall zulässige **formlose und fristlose Dienstaufsichtsbeschwerde** an die der Genehmigungsbehörde übergeordneten Instanzen möglich. Diese Dienstaufsichtsbeschwerde kann eine Änderung der von der zuständigen Behörde getroffenen Entscheidung in der Regel nicht herbeiführen, weil sonst die fristgebundene Beschwerde nach § 7 überflüssig wäre. Nur in außergewöhnlichen Fällen, wenn der Entscheidung ein zur Nichtigkeit führender Fehler anhaftet, kann diese auf eine solche Beschwerde hin aufgehoben werden. Soll in einem derartigen Fall eine Genehmigung nachträglich erteilt werden, so müßten die Parteien einen neuen Vertrag einreichen, weil der alte durch die Versagung der Genehmigung endgültig unwirksam geworden ist und damit keine Grundlage mehr für eine Genehmigung abgeben kann.

5. **Die Wirkung der Genehmigung auf die Verträge** ist in Anm. 7 zu § 2 behandelt. Darauf wird verwiesen. Was dort über die Entscheidung der Genehmigungsbehörde ausgeführt ist, gilt auch für die in der Beschwerdeinstanz ergangene Entscheidung.

6. **Gebühren für das Genehmigungsverfahren.** Für das Genehmigungsverfahren nach der GVB. werden nach Landesrecht Gebühren erhoben. In Preußen findet die Verwaltungsgebührenordnung (VGO.) vom 19. 5. 1934 (GS. S. 25) Anwendung. Nach Tarifstelle 36 der VGO. wird eine Gebühr von $^1/_{20}$ des Wertes des Grundstücks, mindestens aber 10,— RM. erhoben. Aus Billigkeitsgründen kann diese Gebühr auf 5,— RM. ermäßigt werden. In der Beschwerdeinstanz erhöhen sich die Gebühren um die Hälfte. Zur Zahlung der Verwaltungsgebühr ist verpflichtet, wer die Amtshandlung veranlaßt hat oder zu wessen Gunsten sie ergangen ist. Beschwerde gegen den Gebührenansatz oder gegen die Gebührenerhebung selbst ist im Aufsichtswege anzubringen.

Verbot der Inventarveräußerung.

§ 8

(1) Die zuständige Behörde kann dem Eigentümer oder Besitzer von lebendem oder totem Inventar, das zu einem landwirtschaftlichen Grundstück gehört oder sich auf ihm befindet, die Veräußerung oder die Entfernung des Inventars oder einzelner Stücke von dem Grundstück untersagen, wenn hierdurch die ordnungsmäßige Bewirtschaftung des Grundstücks zum Schaden der Volksernährung gefährdet werden würde. Gegen die Untersagung ist die Beschwerde zulässig. Die Entscheidung über sie ist endgültig.

(2) Die Vorschrift gilt nicht bei Maßregeln im Wege der Zwangsvollstreckung.

1. **Das Verbot der Veräußerung oder Entfernung von Inventar** ist eine Maßnahme, die an sich aus dem Rahmen der GVB. herausfällt, weil sie mit einem Besitzwechsel an einem landwirtschaftlichen Grundstück unmittelbar nichts zu tun hat. Diese Bestimmung ist unverändert aus der Bundesratsbekanntmachung von 1918 übernommen. Sie hat sich als wirksame Unterstützung der mit der Bekanntmachung erstrebten bodenpolitischen Ziele bewährt und ist vor allem von Bedeutung in Fällen, in denen ein in Vermögensverfall geratener Landwirt das bewegliche Inventar seines Grundstücks zu Geld zu machen sucht, ehe er das Gut selbst aufgibt. Ein solches „kaltes Abbrennen" von landwirtschaftlichen Grundstücken schnell und wirksam zu verhindern, ist besonders in der Zeit des Vierjahresplanes und der durch ihn zu schaffenden Sicherung der Nahrungsfreiheit wichtig. Dazu dient das Verbot nach § 8 GVB.

2. **Das lebende und tote Inventar,** das von dem Verbot betroffen wird, kann dem Eigentümer, Pächter oder sonstigen Nutznießer eines landwirtschaftlichen Grundstückes gehören; es wird ohne Rücksicht auf die Eigentumsverhältnisse von dem Verbot erfaßt, wenn es sich auf einem solchen Grundstück befindet oder in wirtschaftlichem Sinne zu ihm gehört, weil es für die Bewirtschaftung dieses Grundstücks benutzt wurde und auch dazu erforderlich war. Was zum lebenden oder toten Inventar gehört, ergibt sich aus § 98 BGB. Es ist das dem wirtschaftlichen Zweck des landwirtschaftlichen Betriebes dienende Zubehör, insbesondere das zum Wirtschaftsbetrieb bestimmte Gerät und Vieh, die landwirtschaftlichen Erzeugnisse, soweit sie zur Fortführung der Wirtschaft bis zu der Zeit erforderlich sind, zu welcher gleiche oder ähnliche Erzeugnisse voraussichtlich gewonnen werden, sowie der vorhandene

auf dem Gut gewonnene Dünger. Bei Erbhöfen ist nach § 8 REG. der Zubehörbegriff erweitert. Hier kann das Verbot nicht nur auf das durch § 98 BGB. bestimmte Inventar bezogen werden, sondern auf das gesamte für die Bewirtschaftung vorhandene Vieh und Wirtschaftsgerät (auch wenn es an sich nicht erforderlich ist), sowie auf den vorhandenen Dünger (auch den nicht auf dem Gut gewonnenen künstlichen Dünger) und die für die Bewirtschaftung dienenden Vorräte an Erzeugnissen (ohne zeitliche Beschränkung).

Das Verbot kann auch erlassen werden, wenn einzelne Inventarstücke entfernt werden, sofern diese für die ordnungsmäßige Bewirtschaftung unbedingt erforderlich sind. Im allgemeinen wird diese Vorschrift bei Entfernung des gesamten Inventars oder von größeren Teilen zum Zuge kommen. § 8 bezieht sich nur auf das Inventar von landwirtschaftlichen Grundstücken. Forstwirtschaftlich genutzte Grundstücke fallen nicht darunter. Bei gemischter Nutzungsart ist das Verbot immer zulässig.

3. **Entfernung zum Schaden der Volksernährung.** § 8 GVB. bezieht sich nur auf außergewöhnliche Fälle. Eine Veräußerung von Inventar im Rahmen einer ordnungsmäßigen Wirtschaft fällt selbstverständlich nicht darunter. Ebenso kann die durch eine Betriebsumstellung erforderliche Inventarauswechselung davon nicht betroffen werden. Das Verbot kann vielmehr nur erlassen werden, wenn durch die Entfernung des Inventars die ordnungsmäßige Bewirtschaftung des Grundstücks zum Schaden der Volksernährung gefährdet werden würde. Es sollen also nur die Fälle getroffen werden, in denen die Veräußerung des Inventars die ordnungsmäßige Fortführung eines Betriebes nicht mehr gewährleistet und die landwirtschaftliche Erzeugung beeinträchtigt wird. Soweit derartige Verstöße gegen die landwirtschaftliche Erzeugungsschlacht zum Schaden der Volksernährung offenbar werden, können sie durch ein Verbot nach § 8 wirksamer verhindert werden als durch Maßnahmen auf Grund der VO. zur Sicherung der Landbewirtschaftung vom 23. 3. 1937 (Anhang Nr. 14), weil das Eingreifen nach dieser Verordnung umständlicher und langwieriger ist.

4. **Veräußerung oder Entfernung** umfaßt jede rechtliche oder tatsächliche Verfügung über ein Inventarstück, das zu einem landwirtschaftlichen Betriebe gehört oder sich auf ihm befindet. Nicht betroffen wird von einem Verbot die im Wege der Zwangsvollstreckung erfolgende Veräußerung oder Entfernung. Diese ist durch § 8 Abs. 2 ausdrücklich ausgenommen. Das Verbot kann auch bei Erbhöfen erlassen werden. § 3 Ziff. 10 GVB. findet insofern keine Anwendung, weil die zur Sicherung der Volksernährung getroffene Maßnahme auch

bei Erbhöfen ihre Bedeutung haben kann. Schon die Begründung zur Bundesratsbekanntmachung von 1918 hat darauf hingewiesen, daß ein Einschreiten nach § 8 vielfach geboten ist, wenn in Zeitungsanzeigen die öffentliche Versteigerung des gesamten Inventars eines landwirtschaftlichen Betriebes veröffentlicht oder in anderer Weise angeboten wird.

5. **Wirkung des Verbots.** Die nach § 8 GVB. ausgesprochene Untersagung der Entfernung von landwirtschaftlichem Inventar wirkt wie ein gesetzliches Verbot, da sie nicht den Schutz einzelner Personen bezweckt, sondern im öffentlichen Interesse zur Sicherung der Volksernährung und zur Durchführung der Erzeugungsschlacht erlassen wird. Eine Zuwiderhandlung gegen ein derartiges Verbot ist auch nach § 9 GVB. unter Strafe gestellt. Es findet daher § 134 BGB. Anwendung, nach dem alle Rechtsgeschäfte nichtig sind, die gegen ein gesetzliches Verbot verstoßen, wenn sich nicht aus dem Gesetz ein anderes ergibt. Das ist hier nicht der Fall. Infolgedessen ist jede entgegen einem solchen Verbot vorgenommene Veräußerung von Inventar absolut nichtig. Die Nichtigkeit wirkt gegenüber jedermann. Es kann also niemand gutgläubig solches Inventar erwerben. Die Strafbestimmungen des § 9 GVB. bieten Gewähr für die Rückschaffung in derartigen Fällen, weil jeder bestraft werden kann, der auf Aufforderung der Behörde das Inventar nicht zurückbringt. Außerdem kann die zuständige Behörde die Rückschaffung durch Verwaltungszwangsmittel nach allgemeinen Verwaltungsvorschriften herbeiführen.

6. **Beschwerde.** Gegen die nach § 8 GVB. erfolgte Untersagung ist die Beschwerde zulässig. Diese Beschwerde ist im Gegensatz zu der nach § 7 an keine Frist gebunden. Die Beschwerde hat keine aufschiebende Wirkung. Das Verbot der Entfernung von Inventar ist sofort wirksam. Die Entscheidung über die Beschwerde ist endgültig, ein weiteres Rechtsmittel ist nicht mehr gegeben. Das hindert jedoch nicht, daß die zuständige Behörde das Verbot jederzeit aufheben kann, wenn die Voraussetzungen dafür weggefallen sind. Die Entscheidung der Genehmigungsbehörde nach § 8 GVB. ist also im Gegensatz zu der regelmäßigen Erteilung oder Versagung einer Genehmigung ein widerruflicher Verwaltungsakt, über den die Behörde, abgesehen von dem Erfordernis der Gefährdung der Volksernährung, nach freiem Ermessen entscheidet.

Die Beschwerde kann bei der unteren Verwaltungsbehörde, die das Verbot erlassen hat, angebracht werden oder auch bei der übergeordneten Behörde, die über die Beschwerde entscheidet. Die Beschwerdeinstanzen sind dieselben wie in § 7 (vgl. hierzu Anm. 1 zu § 10).

Strafbestimmungen.

§ 9

(1) Mit Gefängnis bis zu einem Jahre und mit Geldstrafe oder mit einer dieser Strafen wird bestraft,

1. wer

a) entgegen einer rechtskräftigen Versagung der für das Rechtsgeschäft erforderlichen Genehmigung oder,

b) ohne binnen drei Monaten nach Vornahme eines genehmigungsbedürftigen Rechtsgeschäfts die erforderliche Genehmigung nachgesucht zu haben,

den Besitz eines Grundstücks erwirbt oder behält oder einem anderen überläßt oder beläßt,

2. wer die bei Erteilung der Genehmigung gemachten Auflagen nicht erfüllt,

3. wer Inventar veräußert, entfernt oder an sich bringt, wenn ein Verbot nach § 8 vorliegt.

(2) Ist die Handlung fahrlässig begangen, so ist auf Geldstrafe zu erkennen.

1. **Die Strafbestimmung** des § 9 sichert die Durchsetzung der mit der GVB. erstrebten bodenpolitischen Ziele. § 9 GVB. ist gegenüber § 7 der Bundesratsbekanntmachung teilweise neu geregelt. Von der Strafbestimmung der Bundesratsbekanntmachung ist so gut wie kein Gebrauch gemacht worden, weil diese selbst in Vergessenheit geraten war. § 9 GVB. kennt mehrere besondere Straftatbestände.

2. **Zuwiderhandlung gegen eine Versagung der Genehmigung.** Die Besitzeinräumung an einem land- oder forstwirtschaftlichen Grundstück ist strafbar, wenn die nach der Bekanntmachung erforderliche Genehmigung abgelehnt worden ist. Strafbar ist sowohl derjenige, der das Grundstück übergibt, als auch derjenige, der den Besitz erwirbt oder behält, nachdem die Versagung der Genehmigung rechtskräftig erfolgt ist. Nicht strafbar ist daher die vor oder während der Dauer des Genehmigungsverfahrens vorgenommene Besitzübergabe an den Erwerber und die Belassung des Besitzes in dieser Zeit bei dem Erwerber. Damit kann der Käufer oder Pächter unmittelbar nach Abschluß des Vertrages mit der Bewirtschaftung des Grundstückes beginnen, ohne sich strafbar zu machen. Allerdings tut er das auf eigene Gefahr, da er im Falle der Versagung der Genehmigung das Grundstück sofort wieder räumen muß, wenn er einer Bestrafung entgehen will. Die Richtlinien weisen ausdrücklich darauf hin, daß die Bewirtschaftung und die Inbesitznahme des Grundstücks durch den Erwerber vor der Genehmigung auf eigene Gefahr der

vertragschließenden Parteien geht, und daß bei der Prüfung der Genehmigungsanträge auf die Tatsache, daß der Betreffende bereits im Besitz des Grundstückes ist, vielleicht sogar schon größere Geldbeträge in dem Grundstück angelegt hat, keine Rücksicht zu nehmen ist (Richtlinien zu § 9 Abs. 1).

Die Bestrafung nach § 9 Ziff. 1a setzt ferner voraus, daß eine nachgesuchte Genehmigung rechtskräftig versagt ist. Das ist der Fall, wenn die vierzehntägige Beschwerdefrist seit Zustellung des Versagungsbescheides verstrichen ist, ohne daß Beschwerde eingelegt ist, oder wenn die in der Beschwerdeinstanz ergangene Entscheidung zugestellt oder bekanntgemacht ist.

3. **Nichteinholung der Genehmigung.** Nach § 9 wird ferner bestraft, wer ein Grundstück überläßt, ohne innerhalb von drei Monaten nach Vornahme eines genehmigungsbedürftigen Rechtsgeschäfts die erforderliche Genehmigung nachgesucht zu haben. Durch diese Bestimmung, die in der Bundesratsbekanntmachung von 1918 nicht enthalten war, soll erreicht werden, daß der durch das Genehmigungsverfahren eintretende Schwebezustand bei der Abwicklung von Grundstücksgeschäften möglichst abgekürzt wird. Strafbar ist, wie bei Ziff. 1a, derjenige, der den Besitz überträgt oder überläßt und derjenige, der ihn erwirbt oder behält, aber nur wenn diese Besitzüberlassung erst drei Monate nach Vornahme des Rechtsgeschäfts erfolgt oder wenn sie diesen Zeitraum überdauert, ohne daß inzwischen die Genehmigung nachgesucht wird. Diese Strafbestimmung kann vor allem bei Pachtverträgen praktisch werden, bei denen nicht rechtzeitig die Genehmigung beantragt wird.

4. **Nichterfüllung von Auflagen** macht ebenfalls strafbar. Auflagen sind die von den Behörden bei der Genehmigung angeordneten Maßnahmen, die der Sicherung der durch die GVB. angestrebten agrarpolitischen Zwecke dienen (vgl. Anm. 9 zu § 2). Die Nichterfüllung der Auflagen macht ein Rechtsgeschäft nicht unwirksam. Auch eine Zwangsversteigerung gilt als durchgeführt, wenn die bei der Genehmigung zur Abgabe des Gebots gemachten Auflagen nicht erfüllt sind. Die Erfüllung der erteilten Auflagen soll durch diese Strafvorschrift sichergestellt werden.

Zur Strafbarkeit ist erforderlich, daß eine Auflage rechtskräftig erteilt ist und daß der damit Belastete ihr in angemessener Zeit nicht nachgekommen ist.

5. **Verbotene Inventarentfernung.** Die Innehaltung der nach § 8 GVB. von den Behörden erlassenen Verbote auf Veräußerung oder Entfernung von Inventar ist durch die Strafvorschrift des § 9 Ziff. 3 gewährleistet. Strafbar ist nicht nur der Betriebsinhaber, der entgegen einem Verbot Inventar veräußert oder entfernt, sondern auch ein Dritter,

der das Inventar an sich bringt. Zur Strafbarkeit gehört, daß ein Verbot wirksam erlassen ist und daß es den Beteiligten bekannt ist. Die auf Fahrlässigkeit beruhende Unkenntnis des Verbots schützt nicht vor Strafe. Veräußern, Entfernen oder Ansichbringen umfaßt jede Handlung, die ein Inventarstück einem landwirtschaftlichen Betrieb entzieht.

Eine Zuwiderhandlung gegen § 9 Ziff. 2 und 3 kann zugleich einen Verstoß gegen die Verordnung zur Durchführung der Verordnung zur Sicherung der Landbewirtschaftung vom 22. 4. 1937 (Anhang Nr. 15) darstellen. In diesem Fall kann neben der Bestrafung nach § 9 GVB. eine auf Antrag des Landesbauernführers nach § 29 der Landbewirtschaftungsverordnung ergehende Ordnungsstrafe bis zu 1000 RM. oder 6 Wochen Haft festgesetzt werden.

6. **Die Strafen** sind Gefängnis bis zu einem Jahr und Geldstrafen oder eine dieser Strafen. Die Geldstrafe kann nach § 27 StGB. bis zu 10 000 RM. betragen. Ist die Zuwiderhandlung aus Gewinnsucht begangen, so kann die Geldstrafe gemäß § 27a StGB. bis zu 100 000 RM. erhöht werden. Bei Fahrlässigkeit darf nur auf Geldstrafe erkannt werden.

Zuständige Behörden.

§ 10

Die zur Entscheidung über die Genehmigung zuständige Behörde (Genehmigungsbehörde) wird von den obersten Landesbehörden bestimmt.

1. **Die zuständigen Genehmigungsbehörden** werden durch die obersten Landesbehörden bestimmt. Soweit zu der GVB. keine neuen Ausführungsbestimmungen ergangen sind, gelten noch die zur Bundesratsbekanntmachung von 1918 ergangenen Zuständigkeitsvorschriften.

In **Preußen** ist auf Grund der Ausführungsbestimmung vom 16. 3. 1918 (JMBl. S. 69) Genehmigungsbehörde der Landrat, in Stadtkreisen der Bürgermeister, in Berlin der Bezirksbürgermeister desjenigen Kreises, in dem das Grundstück ganz oder zum Teil liegt. Liegt das Grundstück in mehreren Kreisen, so soll die Genehmigung nur von dem Landrat (Bürgermeister) erteilt werden, in dessen Kreis der größte Teil des Grundstücks belegen ist. In Zweifelsfällen ist die Entscheidung des Regierungspräsidenten, bei verschiedenen Regierungsbezirken die Entscheidung des Oberpräsidenten, bei verschiedenen Provinzen die Entscheidung des Reichs- und Preußischen Ministers für Ernährung und Landwirtschaft anzurufen.

Beschwerdeinstanz ist in Preußen der Regierungspräsident, in Berlin der Stadtpräsident.

In **Bayern** ist nach der Bekanntmachung über den Verkehr mit landwirtschaftlichen Grundstücken vom 5. 2. 1937 (Bayr. Ges. u. Verordnungsblatt 1937, S. 47) zur Genehmigungsbehörde bestimmt: das Bezirksamt, in Stadtkreisen der Bürgermeister, in dessen Bezirk das Grundstück liegt. Liegt es in mehreren Bezirken, so ist die Behörde zuständig, in deren Bezirk der größte Teil des Grundstücks liegt. Handelt es sich um einen Austausch von Grundstücken, die in verschiedenen Bezirken liegen, so ist dasjenige Bezirksamt zuständig, in dessen Bezirk das größere Grundstück liegt, und bei gleich großen Grundstücken das zuerst angegangene Bezirksamt. Beschwerdeinstanz ist in Bayern die der Bezirksverwaltungsbehörde übergeordnete Kreisregierung.

In **Baden** ist Genehmigungsbehörde nach der Bekanntmachung vom 30. 4. 1937 (Bad. Ges. u. Verordnungsblatt 1937, S. 166) das Bezirksamt. Liegt das Grundstück in mehreren Bezirksämtern, so bestimmt das Badische Finanz- und Wirtschaftsministerium, Abteilung für Landwirtschaft, das zuständige Bezirksamt. Beschwerdeinstanz ist das ebengenannte Landesministerium.

In **Württemberg** hat die Durchführungsverordnung vom 8. 2. 1937 (Regierungsbl. f. W. 1937, S. 34) zu Genehmigungsbehörden bestimmt: für Stuttgart den Polizeipräsidenten, für die übrigen Bezirke den zuständigen Landrat. Kommen mehrere Grundstücke in verschiedenen Kreisen in Frage, so ist der Landrat zuständig, in dessen Kreis der Sitz des Wirtschaftsbetriebes ist. Über Beschwerden entscheidet der Württembergische Wirtschaftsminister, Abteilung für Landwirtschaft nach Anhörung der Landesbauernschaft.

In **Sachsen** ist nach der Bekanntmachung vom 29. 1. 1937 (VerwBl. I S. 85) für die Entscheidungen nach der GVB. der Amtshauptmann, in Städten der Oberbürgermeister, für Beschwerden der Kreishauptmann zuständig.

In **Thüringen** sind Genehmigungsbehörden nach der Ausführungsverordnung vom 10. 2. 1937 (Ges.S. f. Thüringen 1937, S. 4) die Kreisämter, in Stadtkreisen die Oberbürgermeister. Beschwerdeinstanz ist der Wirtschaftsminister.

Hessen hat durch die Bekanntmachung vom 5. 3. 1937 (Hess. Regierungsbl. 1937, S. 42) die Kreisämter zu Genehmigungsbehörden bestimmt. Liegt das Grundstück in mehreren Kreisämtern, so ist dasjenige zuständig, in dessen Bezirk der größte Teil des Grundstücks belegen ist. Über die Beschwerden entscheidet der Reichsstatthalter in Hessen. Landesregierung, Abteilung VI (Landwirtschaft). Die Beschwerden sind dort einzulegen.

In **Braunschweig** sind nach der Verordnung vom 26. 2. 1937 (Braunschw. Ges. u. Verordnungssammlung 1937, S. 13) die Kreisdirektionen zuständig, in der Stadt Braunschweig der Polizeipräsident. Bei Grundstücken in verschiedenen Bezirken ist diejenige Kreisdirektion zuständig, in deren Bezirk sich bis zum Abschluß des Rechtsgeschäfts der Schwerpunkt des Wirtschaftsbetriebes befand, gegebenenfalls der Polizeipräsident in Braunschweig. Bestehen Zweifel über die Zuständigkeit, so entscheidet darüber der Braunschweigische Finanzminister. Beschwerdeinstanz ist ebenfalls der Braunschweigische Finanzminister.

In **Oldenburg** ist die Zuständigkeit geteilt. Nach der Bekanntmachung vom 2. 2. 1937 (Gesbl. f. O. 1937, S. 15) in der Fassung der Bekanntmachung vom 25. 2. 1937 (Gesbl. f. O. 1937, S. 29) ist für die in § 2 Abs. 1 Satz 2, erster Halbsatz der GVB. genannten Rechtsgeschäfte, d. s. Pachtverträge und pachtähnliche Grundstücksgeschäfte, der Amtshauptmann, in Städten der Oberbürgermeister zuständig. Für alle übrigen Rechtsgeschäfte (Kauf-, Schenkungs-, Tausch-, Gutsüberlassungsverträge, Nießbrauchsbestellung) ist das Siedlungsamt zuständig. Über Beschwerden entscheidet der Oldenburgische Minister des Innern.

In **Mecklenburg** ist zuständig für die ritterschaftlichen Landgüter das Mecklenburgische Staatsministerium, Abteilung für Landwirtschaft, Domänen und Forsten. Für alle übrigen landwirtschaftlichen Grundstücke, die in einer Stadtfeldmark liegen oder im Eigentum einer Stadt stehen, ist der Rat der Stadt Genehmigungsbehörde. Bei allen auf dem Lande gelegenen Grundstücken bis zu 10 Hektar ist der Landrat, bei den größeren das Staatsministerium, Abteilung für Landwirtschaft, Domänen und Forsten zuständig. Über Beschwerden entscheidet ebenfalls das Staatsministerium (Bekanntmachung vom 26. 9. 1934, Regierungsbl. 1934, S. 345).

In **Anhalt** ist nach der Ausführungsbestimmung vom 7. 12. 1925 (Amtsbl. S. 293) in Landkreisen das Kreisamt, in Stadtkreisen der Oberbürgermeister, für Beschwerden das Staatsministerium zuständig.

In **Lippe** ist nach der Verordnung vom 5. 3. 1937 (Lippische Gesetzsammlung 1937, S. 9) der Landrat Genehmigungsbehörde. Bei Zweifelsfällen und über Beschwerden entscheidet die Landesregierung.

In **Schaumburg-Lippe** hat eine Verordnung vom 5. 2. 1937 (Schaumburg-Lippesche VO. 1937, S. 279) den Landrat zur Genehmigungsbehörde bestimmt. Im Zweifel entscheidet die Landesregierung.

In der Freien und Hansestadt **Hamburg** ist auf Grund der Bekanntmachung vom 27. 3. 1918 (Ges.S. 1918, S. 67) im

Gebiet der Stadt Hamburg die Polizeibehörde zuständig, für das übrige Gebiet die zuständige Landherrenschaft. Über Beschwerden entscheidet der Regierende Bürgermeister.

In der Freien und Hansestadt **Bremen** ist der Landherr zur Genehmigungsbehörde bestimmt. Über Beschwerden entscheidet der Regierende Bürgermeister. (Ausführungsverordnung vom 26. 3. 1918, Gesetzbl. 1918, S. 54).

2. Soweit diese verschiedenen **Zuständigkeitsvorschriften** keine Einzelheiten bei mehrfacher örtlicher Zuständigkeit regeln, wird nach allgemeinen verwaltungsrechtlichen Grundsätzen die Entscheidung derjenigen Behörde wirksam, die zuerst mit der Sache befaßt worden ist und eine Entscheidung getroffen hat. Wenn noch eine weitere Behörde über dasselbe Rechtsgeschäft entscheidet, so ist diese Entscheidung unwirksam. Durch die erste Entscheidung ist mit Erteilung oder Versagung der Genehmigung die Entscheidungsbefugnis verbraucht und das Schicksal des Rechtsgeschäfts endgültig bestimmt, so daß für eine weitere Entscheidung überhaupt kein genehmigungsbedürftiger Vertrag mehr vorliegt.

In Preußen ist eine Genehmigung auch rechtsgültig, wenn sie von dem Landrat erteilt ist, in dessen Bezirk nur der kleinere Teil des Grundstücks liegt, obgleich nach den preußischen Bestimmungen die Genehmigung der Landrat erteilen soll, in dessen Bezirk sich der größere Teil des Grundstückes befindet (Preußische Grundsätze zur Ausführung der Bundesratsbekanntmachung vom 27. 3. 1918, MBliV. 1918, S. 54). Das gleiche wird auch bei den übrigen Ländern anzunehmen sein, die ähnliche Zuständigkeitsbestimmungen haben.

§ 11

(1) Weitergehende landesrechtliche Bestimmungen treten, soweit durch Ausführungsvorschriften nichts anderes bestimmt wird, am 30. April 1937 außer Kraft.

(2) Im Zweifelsfalle bestimmt der Reichsminister für Ernährung und Landwirtschaft im Einvernehmen mit dem Reichsminister der Justiz, welche Bestimmungen als weitergehende landesrechtliche Bestimmungen im Sinne des Absatzes 1 anzusehen sind.

1. **Weitergehende landesrechtliche Bestimmungen.** Art. 119 EGBGB. hat die landesgesetzlichen Vorschriften, die die Veräußerung eines Grundstückes beschränken oder die Teilung eines Grundstückes oder die getrennte Veräußerung von bis-

her zusammenbewirtschafteten Grundstücken beschränken oder untersagen, aufrechterhalten. Auf Grund dieses landesrechtlichen Vorbehalts sind dann auch noch nach 1900 eine große Anzahl von landesrechtlichen Vorschriften ergangen, die den Erwerb und die Teilung von Grundstücken aus den verschiedensten Bedürfnissen heraus beschränken oder untersagen. Vgl. hierzu die bei Staudinger zu Art. 119 EGBGB. Anmerkung 5 (9. Auflage 1929) aufgeführten landesrechtlichen Bestimmungen. Hierbei handelt es sich durchweg um Vorschriften, die unabhängig von der Bundesratsbekanntmachung von 1918 erlassen sind und eine Beschränkung des Grundstücksverkehrs meist unter anderen Gesichtspunkten herbeiführen sollen. Die Gesetzgebung auf diesem Gebiet ist außerordentlich zersplittert und unübersichtlich. Zur Bereinigung und Vereinfachung dieses Zustandes dient die Vorschrift des § 11 GVB. Hiernach sind am 30. 4. 1937 alle weitergehenden landesrechtlichen Bestimmungen außer Kraft getreten, die auf dem in der GVB. geregelten Gebiet ergangen sind. Hierbei handelt es sich um diejenigen Landesvorschriften, die aus den gesetzgeberischen Gründen der GVB. den ländlichen Grundstücksverkehr beschränken oder von einer Genehmigung abhängig machen. Hierzu gehören sowohl die von den Ländern in Ergänzung und Ausführung der Bundesratsbekanntmachung als auch die unabhängig von ihr erlassenen Vorschriften. Die von den Ländern zu der Bundesratsbekanntmachung erlassenen Bestimmungen sind zum größeren Teil nach dem 1. 2. 1937 durch die zur GVB. ergangenen Ausführungsvorschriften bereits ausdrücklich aufgehoben. Diese Landesgesetze sind in Anm. 1 zu § 10 aufgeführt. Nicht außer Kraft getreten sind am 30. 4. 1937 alle die landesrechtlichen Vorschriften, die zwar auch den ländlichen Grundstücksverkehr beschränken, die aber zur Verwirklichung anderer gesetzgeberischer Ziele dienen, die außerhalb der GVB. liegen. Dazu gehören z. B. Bestimmungen, die den Erwerb von Grundstücken durch juristische Personen beschränken.

2. Da zur Zeit noch nicht übersehen werden kann, welche Landesgesetze im einzelnen von der Aufhebung betroffen sind, ist im Interesse der Rechtssicherheit bestimmt, daß der Reichsernährungsminister im Einvernehmen mit dem Reichsjustizminister bestimmt, welche landesrechtlichen Vorschriften nach § 11 als aufgehoben anzusehen sind. Damit werden derartige Zweifelsfälle, die wegen der Unübersichtlichkeit des Landesrechts leicht vorkommen können, einer schnellen und entscheidenden Klärung zugeführt, was für den Grundstücksverkehr von besonderer Wichtigkeit ist. Die Prüfung der Rechtslage hat auch bei Rechtsstreitigkeiten vor den ordentlichen Gerichten auf Grund von § 11 Abs. 2 GVB. zu erfolgen.

Ermächtigung zur Bestimmung der Mindestgrenze.

§ 12

Der Reichsminister für Ernährung und Landwirtschaft kann im Einvernehmen mit dem Reichsminister der Justiz die Grundstücksgröße (§ 1, § 3 Abs. 1 Ziffer 9) abweichend bestimmen; die Abweichung kann sich auf einzelne Länder oder auf einzelne Landesteile beschränken. Die Bestimmung ist im Reichsgesetzblatt zu veröffentlichen.

1. Durch diese **Bestimmung** wird die für die genehmigungspflichtigen Grundstücke vorgesehene **Mindestgrenze** entsprechend den örtlichen Bedürfnissen festgesetzt. Die erste auf Grund des § 12 GVB. ergangene Ausführungsbestimmung vom 26. 1. 1937 (RGBl. I S. 38) ist wieder aufgehoben und durch die Ausführungsverordnung vom 22. 4. 1937 (RGBl. I S. 534) ersetzt, die die Mindestgrenze für die genehmigungspflichtigen Grundstücke für viele Landesteile abweichend von Norm des § 1 GVB. festsetzt (vgl. Anm. 5 zu § 1). Beide Verordnungen befinden sich im Anhang Nr. 3 und 4.

2. **Inkrafttreten der GVB.** Nach Art. 2 Abs. 4 des Gesetzes zur Änderung der Bekanntmachung über den Verkehr mit landwirtschaftlichen Grundstücken vom 26. 1. 1937 (Anhang Nr. 1) ist die GVB. am 1. 2. 1937 in Kraft getreten. Auf alle bis zu diesem Zeitpunkt noch nicht genehmigten Rechtsgeschäfte ist daher die GVB. anzuwenden. Ist aber ein Vertrag, der nach der Bundesratsbekanntmachung von 1918 nicht genehmigungspflichtig war, vor dem Inkrafttreten der GVB. abgeschlossen und bis dahin noch nicht genehmigt, aber nach der GVB. genehmigungspflichtig, so soll die Genehmigung im allgemeinen erteilt werden. Nur in Fällen, in denen grobe Mißstände auf der Hand liegen, ist gegebenenfalls die Genehmigung zu versagen (Richtlinien).

2. Verordnung über die Veräußerung von Entschuldungsbetrieben.

Vom 6. Januar 1937 (RGBl. I S. 5).

Auf Grund des § 106 Absatz 2 des Gesetzes zur Regelung der landwirtschaftlichen Schuldverhältnisse (Schuldenregelungsgesetz) vom 1. Juni 1933 (RGBl. I Seite 331) wird verordnet:

Artikel 1.

(1) Die Veräußerung eines Grundstücks, auf dem im Grundbuch ein Entschuldungsvermerk (§§ 80, 81 des Schuldenregelungsgesetzes, § 19 Abs. 3, § 29 Abs. 1 der Verordnung zur Abwicklung der Entschuldungsverfahren im Osthilfegebiet (Osthilfeabwicklungsverordnung) vom 21. Dezember 1934 — RGBl. I Seite 1280) eingetragen ist, bedarf zu ihrer Wirksamkeit der Genehmigung des Reichsministers für Ernährung und Landwirtschaft. Genehmigungspflichtig ist auch ein Rechtsgeschäft, das die Verpflichtung zur Veräußerung eines Grundstücks der in Satz 1 genannten Art zum Gegenstande hat, sowie jedes Rechtsgeschäft, durch das ein der Veräußerung ähnlicher Erfolg herbeigeführt werden soll. Ist das der Veräußerung zugrunde liegende Rechtsgeschäft genehmigt worden, so gilt auch die Veräußerung als genehmigt.

(2) Die Genehmigung kann auch unter einer Auflage erteilt werden. Die Vertragschließenden sind nicht berechtigt, aus diesem Grunde von dem Vertrage zurückzutreten, es sei denn, daß ihnen im Hinblick auf die Auflage die Erfüllung des Vertrags nicht zugemutet werden kann. Ob dies der Fall ist, entscheidet auf Antrag eines der Beteiligten der Reichsminister für Ernährung und Landwirtschaft.

(3) Die Absätze 1 und 2 gelten sinngemäß für Grundstücke, die ohne Eintragung eines Entschuldungsvermerks mit einer Hypothek für ein Darlehn der Bank für deutsche Industrieobligationen (Industriebank) oder für ein Darlehn des Reichs aus Betriebssicherungsmitteln belastet sind, sowie für Grundstücke, für deren Eigentümer das Schuldenregelungsverfahren

erfolgreich durchgeführt ist, auf denen aber der Entschuldungsvermerk noch nicht eingetragen ist.

1. **Die Verordnung über die Veräußerung von Entschuldungsbetrieben** bezweckt eine besondere Kontrolle der Veräußerungsgeschäfte über landwirtschaftliche Entschuldungsbetriebe. Als nach der Machtübernahme durch die Maßnahmen der nationalsozialistischen Agrarpolitik die Landwirtschaft eine außerordentliche Förderung erfuhr, hatte das zur Folge, daß auch die Bodenpreise gegenüber dem Tiefstand in der Krisenzeit erheblich anzogen. Das führte dazu, daß Betriebsinhaber, die vielfach nach großen Kürzungen der Gläubiger und unter Einsatz von öffentlichen Mitteln entschuldet worden waren, ihre Betriebe mit großem Gewinn verkauften. Die Entschuldungsgesetze gaben keine wirksame Handhabe, diese absolut unerwünschte Folge der Entschuldung zu verhindern. Es bestand ferner auch keine Möglichkeit, den Erwerb solcher Betriebe durch Personen zu verhindern, die keine Gewähr für die Sicherheit der aufgewendeten Entschuldungsmittel boten. Zur Behebung dieser Mißstände ist die VO. vom 6. 1. 1937 ergangen, die erreichen soll, daß die bei der Veräußerung von Entschuldungsbetrieben erzielten Gewinne in angemessenem Umfange zum Ausgleich der von den Gläubigern und vom Reich zur Durchführung der Entschuldung gebrachten Opfer herangezogen werden. Die VO. will weiter den Erwerb von Entschuldungsbetrieben durch Personen verhindern, die keine Gewähr für die Sicherheit der Entschuldungsmittel bieten. Die VO. vom 6. 1. 1937 hat erhebliche Bedeutung im Grundstücksverkehr, da die Zahl der Entschuldungsbetriebe sehr groß ist. Wegen der mit ihr verfolgten besonderen Ziele hat der Gesetzgeber eine Sonderregelung außerhalb der Grundstücksverkehrsbekanntm. geschaffen (vgl. hierzu Anm. 2 zu Art. 2 S. 95).

2. **Entschuldungsbetriebe** sind alle land- und forstwirtschaftlichen Betriebe, die auf Grund des Osthilfegesetzes vom 31. 3. 1931 (RGBl. I S. 117), der VO. zur Sicherung der Ernte und der landwirtschaftlichen Entschuldung im Osthilfegebiet vom 17. 11. 1931 (RGBl. I S. 675) mit allen DurchfVO., sowie auf Grund des Ges. zur Regelung der landwirtschaftlichen Schuldverhältnisse vom 1. 6. 1933 (RGBl. I S. 331) und der dazu ergangenen DurchfVO. eine Regelung ihrer Schuldverhältnisse erfahren haben. Alle Grundstücke, die zu einem solchen Entschuldungsbetrieb gehören, fallen unter Art. 1. Diese Grundstücke sind daran erkenntlich, daß sie in Abteilung 2 des Grundbuchs den Vermerk tragen: „Das Grundstück unterliegt der Entschuldung." Da der Entschuldungsvermerk nach den im Art. 1 angezogenen Bestimmungen erst eingetragen wird, wenn die Entschuldung durchgeführt ist, ergibt sich, daß von der Genehmigungspflicht nur Grundstücke erfaßt werden, bei denen die Entschuldung erfolgreich durchgeführt ist. Im Entschuldungsverfahren befindliche Grundstücke, bei denen das Verfahren noch nicht abgeschlossen ist, bedürfen keiner Genehmigung nach dieser VO. Diese können jedoch praktisch nicht ohne die Zustimmung der Entschuldungsämter veräußert werden, weil dadurch die Grundlage für die gesamte Entschuldung verschoben wird. In diesen Fällen ist daher zur Vermeidung

von Nachteilen (Aufhebung des Entschuldungsverfahrens) die Veräußerung im Einvernehmen mit dem Entschuldungsamt vorzunehmen. Genehmigungspflichtig ist nicht nur die Veräußerung des Entschuldungsbetriebes im ganzen, sondern auch die Veräußerung von Grundstücksteilen oder einzelnen Parzellen, die zu dem Betrieb gehören und den Entschuldungsvermerk tragen. Eine Mindestgrenze wie bei der GVB. besteht hier nicht. Genehmigungspflichtig ist also der Abverkauf von Parzellen jeder Größe.

Eine Genehmigung ist zu jeder Veräußerung von Entschuldungsgrundstücken erforderlich, die nach dem Inkrafttreten dieser VO. (13. 1. 1937) erfolgt, d. h. nicht nur zur ersten Veräußerung nach dem 13. 1. 1937, sondern auch zu jeder weiteren Veräußerung. Das ergibt sich daraus, daß der im Grundbuch eingetragene Entschuldungsvermerk wegen der mit ihm zusammenhängenden Rechtswirkungen (§§ 83—87, 91—94 Schuldenregelungsgesetz, Zinssenkung, Ablösungsrecht der Gläubiger, Verbot der Neubelastung, Sicherungshypothek der Rentenbank-Kreditanstalt usw.) grundsätzlich bestehen bleiben muß. Entschuldungsgrundstücke verlieren daher ihren besonderen Charakter weder durch Wechsel des Eigentümers noch durch Beseitigung der Belastung.

Eine Genehmigung nach dieser VO. ist naturgemäß nicht erforderlich bei Grundstücken, die der entschuldete Eigentümer nach Beendigung des Verfahrens von einem Nichtentschuldungsbetrieb hinzu erworben hat, weil diese Grundstücke auch nicht den Entschuldungsvermerk im Grundbuch haben.

3. **Die genehmigungspflichtigen Rechtsgeschäfte.** Nach Art. 1 ist grundsätzlich die Veräußerung eines Entschuldungsgrundstückes genehmigungspflichtig. Das Grundbuchamt darf daher eine Eintragung der Eigentumsänderung im Grundbuch erst vornehmen nach Erteilung der Genehmigung. Genehmigungspflichtig sind aber auch die Verpflichtungsgeschäfte, auf Grund deren die Veräußerung erfolgt. Die Regelung ist die gleiche wie bei der GVB. Hier wie dort gilt die Genehmigung für die Auflassung als erteilt, wenn das zugrunde liegende Verpflichtungsgeschäft genehmigt ist. Praktisch wird also der Kaufvertrag zur Genehmigung vorgelegt. Ist diese erteilt, so kann ohne weiteres die Auflassung und Eintragung im Grundbuch vorgenommen werden. Das schließt aber nicht aus, daß die Auflassung bereits vorher vorgenommen werden kann und zwar zugleich mit dem Kaufvertrage.

Zu den genehmigungspflichtigen Veräußerungsverträgen zählen Kauf-, Tausch-, Schenkungs-, Gutsüberlassungs- und Auseinandersetzungsverträge, soweit sie die Verpflichtung zur Übereignung eines Grundstücks begründen. Näheres siehe S. 34. Genehmigungspflichtig ist aber auch ein Rechtsgeschäft, durch das ein der Veräußerung ähnlicher Erfolg herbeigeführt werden soll. Hierher gehören die unentgeltliche Einräumung des Nutzungsrechtes auf lange Zeit, Nießbrauchsbestellung, langjährige Verpachtung, Erteilung einer unwiderruflichen Auflassungsvollmacht und ähnliche Rechtsgeschäfte, die wirtschaftlich gesehen eine eigentumsähnliche Stellung verschaffen.

Da die VO. sich nur auf die Veräußerung von Grundstücken bezieht, sind die üblichen pacht- und pachtähnlichen Verträge nicht genehmigungspflichtig.

Die Genehmigungspflicht erstreckt sich auf alle Veräußerungsfälle, bei denen nach dem 13. 1. 1937 (Inkrafttreten der VO.) die Eigentumsänderung erfolgt; demgemäß sind auch die vor diesem Zeitpunkt vorgenommenen Kaufverträge oder Auflassungen genehmigungspflichtig, wenn der Erwerber bis zum 13. 1. 1937 noch nicht im Grundbuch eingetragen war (siehe Richtlinien zur VeräußerungsVO. zu 5, Anhang Nr. 12).

4. **Die Genehmigung** nach der VeräußerungsVO. ist ein staatlicher Hoheitsakt, über dessen Inhalt und Wirkung dasselbe zu sagen ist wie bei der GVB. (vgl. dort Anm. 7 zu § 2 und Anm. 1 zu § 7).

5. **Genehmigungsbehörde** ist der Reichsernährungsminister. Nach der DurchfVO. vom 19. 4. 1937 (Anhang Nr. 11) ist die Entscheidung bei Erbhöfen und anderen Betrieben mit weniger als 7,5 ha Eigenland auf die zuständigen Entschuldungsämter, bei Osthilfebetrieben auf die zuständigen Kommissare für die Osthilfe (Landstellen) übertragen. Nach Art. 8 der VeräußerungsVO. kann der Reichsernährungsminister auch in anderen Fällen die Entscheidung auf andere Stellen übertragen. Art. 2 der VO. vom 19. 4. 1937 bestimmt, daß eine Entscheidung nicht deshalb unwirksam ist, weil nach den genannten Vorschriften eine andere dieser Stellen zuständig war.

6. **Entschuldungsgrundstücke ohne Entschuldungsvermerk.** Abs. 3 des Art. 1 dient zur Klarstellung. Wie in Anm. 2 ausgeführt ist, wird der Entschuldungsvermerk im Grundbuch erst eingetragen, wenn die Entschuldung durchgeführt ist, so daß Entschuldungsgrundstücke vorhanden sind, bei denen aus technischen Gründen der Entschuldungsvermerk noch nicht eingetragen ist. Diese Bestimmung stellt daher klar, daß die VeräußerungsVO. auch auf diese Fälle Anwendung findet. Grundstücke, die nach dem Schuldenregelungsgesetz entschuldet worden sind, sind daran zu erkennen, daß nach § 8 dieses Gesetzes ein Vermerk über die Eröffnung des Verfahrens im Grundbuch eingetragen ist. Osthilfegrundstücke sind daran erkenntlich, daß in der Regel eine Entschuldungshypothek für die Bank für deutsche Industrieobligationen mit einem Zinssatz von 3,652 v. H. oder ein Reichsdarlehn aus Betriebssicherungsmitteln unter Bezugnahme auf den Entschuldungsplan eingetragen ist. Ist ein Industriebankdarlehn oder ein Darlehn aus Betriebssicherungsmitteln außerhalb eines Osthilfeentschuldungsverfahrens gewährt worden, so findet die VeräußerungsVO. keine Anwendung.

7. **Löschung des Entschuldungsvermerks.** Da die Veräußerung von Teilparzellen eines Entschuldungsbetriebes im Grundstücksverkehr zu großen Schwierigkeiten führt, weil der Entschuldungsvermerk mit seinen Rechtswirkungen auch auf dem abverkauften Teil bestehen bleibt, ist durch die gemeinschaftliche Richtlinie des Reichsernährungs- und des Reichsjustizministeriums vom 17. 4. 1937 (Anhang Nr. 13) vorgesehen, daß der Entschuldungsvermerk gelöscht werden kann. In einem solchen Fall ist zunächst die Genehmigung nach Art. 1 einzuholen und erst wenn

diese erteilt ist, kann der Entschuldungsvermerk gelöscht werden. Eine Aufhebung des Entschuldungsvermerks ist möglich:

a) für Grundstücke, die veräußert worden sind oder veräußert werden, wenn durch die Veräußerung die Zugehörigkeit der veräußerten Grundstücke zu einem landwirtschaftlichen, forstwirtschaftlichen oder gärtnerischen Betrieb aufgehoben ist oder aufgehoben wird;
b) für Grundstücke, die im Zusammenhang mit dem Schuldenregelungsverfahren veräußert worden sind oder veräußert werden;
c) für Grundstücke, die zur Neubildung deutschen Bauerntums oder als Heimstätte oder Landarbeitereigenheim verwendet sind oder werden;
d) für Grundstücke, die im Verhältnis zu dem Stammgrundstück von so geringer Größe sind, daß ihre Abtrennung für die Belastung des Stammgrundstücks unschädlich ist;
e) für Grundstücke, die gegen gleichwertige Grundstücke ausgetauscht und lastenfrei übereignet werden sollen, sofern das vom Entschuldungsbetrieb abzutrennende Grundstück im Vergleich zu dem gesamten Betrieb von geringer Größe ist.

Über diese Anträge entscheidet das Entschuldungsamt durch unanfechtbaren Beschluß. Das Entschuldungsamt ersucht auch das Grundbuchamt auf Grund seiner Entscheidung um die Löschung des Entschuldungsvermerks im Grundbuch.

Dieses Verfahren soll demnächst durch eine besondere VO. eingeführt werden. Bis dahin sind die Entschuldungsämter auf Grund der oben genannten Richtlinie ermächtigt, schon jetzt hiernach zu verfahren.

8. **Eine Beschwerde** gibt es gegen die Entscheidungen nach der vorliegenden VO. nicht.

Artikel 2.

(1) Ob die Genehmigung nach Artikel 1 erforderlich ist, entscheidet der Reichsminister für Ernährung und Landwirtschaft endgültig. Die Entscheidung ist für Gerichte und Verwaltungsbehörden bindend.

(2) Vorschriften in Gesetzen oder Verordnungen, nach denen die Veräußerung von Grundstücken einer weiteren Genehmigung bedarf, bleiben unberührt.

(3) Ist im Grundbuchamt auf Grund eines genehmigungspflichtigen, aber nicht genehmigten Rechtsgeschäfts eine Rechtsänderung eingetragen, so kann der Reichsminister für Ernährung und Landwirtschaft das Grundbuchamt um die Eintragung eines Widerspruchs ersuchen. Der Widerspruch ist zu löschen, wenn der Reichsminister für Ernährung und Landwirtschaft darum ersucht oder wenn die Genehmigung erteilt wird. § 53 Abs. 1 der Grundbuchordnung bleibt unberührt.

1. **Entscheidung in Zweifelsfällen.** Nach Art. 2 Abs. 1 entscheidet der Reichsernährungsminister endgültig, ob eine Genehmigung nach

Art. 1 der VO. erforderlich ist. Es handelt sich hier nicht um die bei Vorlage eines Vertrages regelmäßig zu treffende Entscheidung auf Erteilung oder Versagung der Genehmigung, sondern um eine besondere Entscheidung über die Genehmigungspflicht an sich, die zur Vermeidung von langwierigen Streitigkeiten bestehende Zweifel schnell und endgültig klären soll. Diese Entscheidung des Reichsernährungsministers ist für Gerichte und Verwaltungsbehörden bindend. Sie entspricht also der in § 4 der GVB. vorgesehenen Entscheidung. Vgl. im einzelnen dort Anm. 1—4 zu § 4.

Eine Beschwerde gegen die Entscheidung des Reichsernährungsministers findet nicht statt.

2. **Weitere Genehmigungen.** Die VeräußerungsVO. bezweckt eine Kontrolle des landwirtschaftlichen Grundstücksverkehrs nur unter bestimmten mit der Entschuldung zusammenhängenden Gesichtspunkten (siehe Anm. 1 zu Art. 1). Infolgedessen hebt die nach dieser VO. erforderliche Genehmigung die nach sonstigen Gesetzen notwendigen Genehmigungen nicht auf. Gegenüber der GVB. ist das besonders durch die VO. vom 26. 1. 1937 (Anhang Nr. 2) festgestellt. Daneben kommt die anerbengerichtliche Genehmigung nach § 37 REG. in Frage, da die VeräußerungsVO. sich auch auf Erbhöfe bezieht. Ferner bleibt z. B. erforderlich eine Genehmigung nach dem Wohnsiedlungsgesetz vom 22. 9. 1933. Auf Grund von Art. 2 Abs. 2 bestimmen daher die Richtlinien zu dieser VO.:

> Die Genehmigung einer Veräußerung ist grundsätzlich erst dann zu erteilen, wenn ein bindender Kaufvertrag vorliegt, zu dem alle anderen etwa erforderlichen Genehmigungen beigebracht sind. Hierzu gehören insbesondere die Genehmigung des Anerbengerichts, die Genehmigung nach der Grundstücksverkehrsbekanntmachung vom 26. 1. 1937 und die Genehmigung nach dem Wohnsiedlungsgesetz vom 22. 10. 1933. Solange nicht ein beide Parteien bindender Kaufvertrag vorliegt, ersuche ich, von Zusagen und Stellungnahmen irgendwelcher Art abzusehen.

3. **Widerspruch im Grundbuch.** Art. 2 Abs. 3 der Veräußerungsverordnung entspricht dem § 6 GVB. Es wird auf die Anm. zu § 6 verwiesen.

Artikel 3.

(1) Die Genehmigung ist zu versagen,

1. wenn der bei der Veräußerung erzielte Erlös als unangemessen anzusehen ist oder

2. wenn nicht sichergestellt ist, daß ein angemessener Teil des Erlöses zum Ausgleich der vom Reich oder von den Gläubigern im Schuldenregelungsverfahren oder Osthilfeverfahren gebrachten Opfer an das Reich abgeführt wird, oder

3. wenn der Erwerber nicht die Gewähr für die Sicherheit der Reichsmittel bietet, die dem Betriebe zugute gekommen sind.

Aus anderen Gründen darf die Genehmigung nicht versagt werden.

(2) Auflagen (Artikel 1 Abs. 2) sind nur aus den Gründen des Absatzes 1 zulässig.

1. **Versagungsgründe.** Die in Art. 3 aufgeführten Versagungsgründe sind ausschließliche, d. h. die Genehmigung darf nur aus diesen Gründen versagt werden. Liegen sie nicht vor, so besteht ein Anspruch auf die Genehmigung. Über das Vorliegen dieser Versagungsgründe entscheidet die zuständige Behörde nach pflichtgemäßem Ermessen. Einzelheiten in Anm. 1 zu § 5 und Anm. 1 zu § 7 GVB.

2. **Unangemessener Erlös.** Die Bestimmung des Art. 3 Ziff. 1 soll verhindern, daß die Beteiligten im Vertrag einen zu niedrigen Kaufpreis angeben, um die Inanspruchnahme des Veräußerungserlöses für das Reich und die Gläubiger zu umgehen. Was unangemessen ist, ist nur von Fall zu Fall zu beurteilen. Hierüber entscheiden die Genehmigungsbehörden nach eigenem Ermessen.

3. **Abgabe an das Reich.** Durch Art. 3 Ziff. 2 soll sichergestellt werden, daß der Verkäufer eines Entschuldungsbetriebes keine ungerechtfertigten Vorteile auf Kosten des Reiches und der Gläubiger einstreicht. Dieses Ziel wird in der Regel durch Auflagen erreicht, die einen entsprechenden Betrag für Reich und Gläubiger sicherstellen. Die Richtlinien zur Veräußerungsverordnung ordnen hierzu an:

„In den Fällen des Art. 3 Abs. 1 Nr. 2 der VO. vom 6. 1. 1937 wird in der Regel nicht die Versagung der Genehmigung, sondern die Genehmigung unter einer Auflage in Frage kommen. Die Höhe des von dem Verkäufer danach an das Reich abzuführenden Betrages richtet sich nach den Umständen des einzelnen Falles; für die Entscheidung sind vor allem die Höhe des Verkaufsgewinns, die Höhe der Opfer des Reichs und der Gläubiger und der Verwendungszweck des Verkaufserlöses maßgebend. Bei den vom Reich gebrachten Opfern sind außer den Nachlässen auf Reichsforderungen oder den Kürzungen zu Lasten des Reichs (§§ 29, 65 SchRG.) auch die vom Reich einer Grundkreditanstalt etwa gewährten Zinszuschüsse zu berücksichtigen. Die Höhe dieser Zinszuschüsse kann bei der Grundkreditanstalt ermittelt werden. Zu den Opfern des Reichs gehören ferner die Kosten, die dem Reich bei Durchführung des Verfahrens erwachsen sind. Als Richtsatz für die Höhe dieser Kosten kann die dreifache Gerichtsgebühr in der Berufungsinstanz (§§ 8, 20, 28 des Deutschen Gerichtskostengesetzes), berechnet nach dem Kaufpreis, gelten.

Bei der Bemessung der Auflage ist zu prüfen, ob dem Verkäufer auferlegt werden soll, die Betriebssicherungsmittelhypothek, die Entschuldungshypothek der Industriebank oder festgeschriebene Forderungen ganz oder teilweise zurückzuzahlen.

Der nach der Auflage an das Reich zu entrichtende Betrag ist an den zuständigen Kommissar für die Osthilfe (Landstelle) zu zahlen.

der gegebenenfalls eine Anordnung nach Art. 6 der VO. vom 6. 1. 1937 erläßt."

Die nach Art. 2 Ziff. 3 zu treffenden Maßnahmen dürfen nur zum Ausgleich der von Reich und Gläubiger gebrachten Opfer dienen, d. h. zum Ausgleich von Vermögensnachteilen, die zugunsten des entschuldeten Betriebsinhabers herbeigeführt worden sind. Zu den Opfern des Reichs zählen auch die besonderen zur Durchführung der Entschuldung zur Verfügung gestellten Mittel (Schuldbuchforderungen nach § 65 SchRG., Ablösungsschuldverschreibungen, Inventarergänzungskredite usw.) Die Rückzahlung eines Betrages auf Grund dieser Bestimmung kommt daher in der Regel nicht in Betracht, wenn die Entschuldung ohne Kürzung der Gläubiger und ohne Einsatz besonderer öffentlicher Mittel erfolgt ist.

Die Verteilung des nach Art. 3 Ziff. 3 zu zahlenden Betrages erfolgt gemäß Art. 6. Die Beträge sind an die Landstellen zu zahlen, die gegebenenfalls eine Anordnung nach Art. 6 vornehmen.

4. **Geeignete Erwerber.** Die Veräußerung eines Entschuldungsbetriebes ist ferner davon abhängig, daß der Erwerber eine Gewähr für die Sicherheit der aufgewendeten Reichsmittel bietet. Die Prüfung geschieht im Zusammenwirken mit den Kreis- und Landesbauernführern, auf deren Stellungnahme über die Persönlichkeit des Erwerbers es besonders ankommt. Einer Prüfung der Persönlichkeit des Erwerbers bedarf es in der Regel nicht mehr, wenn der Vertrag vom Anerbengericht genehmigt worden ist. Nach den Richtlinien zu dieser VO. ist eine diesbezügliche Prüfung nur erforderlich, solange der Betrieb noch mit Reichsmitteln belastet ist.

5. **Genehmigung unter Auflagen.** Die Genehmigung nach der Veräußerungsverordnung kann auch unter Auflagen erteilt werden (Art. 1 Abs. 2). Die Auflagen sind nur aus den in Art. 3 Ziff. 1—3 aufgeführten Gründen zulässig, weil die Prüfung nach anderen Gesichtspunkten nicht Gegenstand des Genehmigungsverfahrens nach der Veräußerungsverordnung ist. Über die Auflagen im allgemeinen gilt das bei der GVB. Gesagte (Anm. 9 zu § 4). Darüber hinaus bestimmt die Veräußerungsverordnung in Art. 1 Abs. 2 ausdrücklich, daß die Vertragschließenden nicht berechtigt sind, wegen einer Auflage von dem Vertrag zurückzutreten, es sei denn, daß ihnen im Hinblick auf die Auflage die Erfüllung des Vertrages nicht zugemutet werden kann. Ob die Zumutbarkeit gegeben ist, wird auf Antrag eines Beteiligten von dem Reichsernährungsminister entschieden.

Artikel 4.

(1) Wird ein Grundstück der in Artikel 1 genannten Art nach den Vorschriften des Zwangsversteigerungsgesetzes versteigert, so ist auf Ersuchen des Reichsministers für Ernährung und Landwirtschaft der Teil des Bargebots, der nach den Zwangsversteigerungsvorschriften an den Grundstückseigentümer in bar auszuzahlen wäre, an das Reich abzuführen. Dasselbe gilt für den Teil des Versteigerungserlöses,

der auf einen Gläubiger entfällt, dessen Anspruch erst nach dem 31. Dezember 1936 begründet ist; dieser Betrag ist an den Gläubiger auszuzahlen, wenn das Entschuldungsamt feststellt, daß die Forderung des Gläubigers tatsächlich besteht und nicht zur Umgehung der Bestimmung des Satzes 1 begründet worden ist. Bei Osthilfeentschuldungsbetrieben wird die Feststellung durch den Kommissar für die Osthilfe (Landstelle) getroffen.

(2) Auf Ersuchen des Reichsministers für Ernährung und Landwirtschaft dürfen nur die Gebote solcher Bieter zugelassen werden, denen der Reichsminister für Ernährung und Landwirtschaft bescheinigt hat, daß gegen die Abgabe von Geboten keine Bedenken bestehen. Die Ausstellung der Bescheinigung darf nur aus dem Grunde des Artikels 3 Absatz 1 Nr. 3 versagt werden. Der Gläubiger eines Grundpfandrechts bedarf der Bescheinigung nicht, wenn er bereits am 1. Januar 1937 Gläubiger war. In den Fällen des § 81 Abs. 2 und 3 des Zwangsversteigerungsgesetzes darf der Zuschlag an einen anderen als den Meistbietenden nur erteilt werden, wenn die Zustimmung des Reichsministers für Ernährung und Landwirtschaft beigebracht wird.

(3) Das Vollstreckungsgericht hat den Reichsminister für Ernährung und Landwirtschaft von der Anordnung der Versteigerung und der Terminsbestimmung unverzüglich in Kenntnis zu setzen. In der Terminsbestimmung (§ 37 des Zwangsversteigerungsgesetzes) ist auf die Vorschriften des Absatzes 2 hinzuweisen.

1. **Inanspruchnahme des Bargebots in der Zwangsversteigerung.** Art. 4 Abs. 1 entspricht einer nach Art. 3 Ziff. 2 bei rechtsgeschäftlicher Veräußerung von Entschuldungsbetrieben vorzunehmenden Anordnung zur Sicherstellung der an das Reich abzuführenden Entschuldungsgewinne. Das geschieht in der Weise, daß auf Anordnung des Reichsernährungsministers der an den Grundstückseigentümer nach den Zwangsversteigerungsvorschriften in bar auszuzahlende Erlös an das Reich abzuführen ist. Da Entschuldungsbetriebe meist hoch belastet sind, wird das an den Eigentümer abzuführende Bargebot in der Regel etwa dem Betrag entsprechen, der sonst durch eine Anordnung nach Art. 3 Ziff. 2 von dem Veräußerer eines Entschuldungsbetriebes abzuführen wäre. Nach den Richtlinien zu dieser VO. soll von dem Recht aus Art. 4 Abs. 1 regelmäßig Gebrauch gemacht werden.

2. **Bietungsgenehmigung.** Zur Sicherung der auf einem Entschuldungsbetrieb ruhenden Reichsmittel kann auf Ersuchen des Reichsernährungsministers die Abgabe von Geboten in der Zwangsversteigerung davon abhängig gemacht werden, daß nur Gebote zulässig sind, gegen die nach einer Bescheinigung der zuständigen Stellen keine Bedenken bestehen. Wenn ein solches Ersuchen an das Vollstreckungsgericht ergangen ist, hat dieses bereits in der Terminsbekanntmachung hierauf

hinzuweisen. Gebote, die eine solche Unbedenklichkeitsbescheinigung nicht haben, sind als unwirksam zurückzuweisen. Die Ausstellung einer solchen Bescheinigung darf nur verweigert werden, wenn der Erwerber nicht die Gewähr für die Sicherheit der Reichsmittel bietet, die dem zu versteigernden Betrieb zugute gekommen sind. In diesen Fällen kann die Erteilung einer Bietungsgenehmigung davon abhängig gemacht werden, daß der Bewerber mit dem Reich ein Bietungsabkommen trifft, in dem er sich verpflichtet, die Forderungen des Reiches zu übernehmen. Zur Erteilung einer Bietungsgenehmigung ist die Stellungnahme der Kreis- und Landesbauernführer einzuholen. Wegen der mit der Bietungsgenehmigung zusammenhängenden Rechtsfragen wird auf Anm. 8 zu § 2 GVB. verwiesen.

3. **Terminsanberaumung.** Die Vollstreckungsgerichte haben den für die Erteilung der Bietungsbescheinigung zuständigen Stellen von der Anordnung der Zwangsversteigerung Mitteilung zu machen, damit die Prüfung der nach der Veräußerungsverordnung erforderlichen Anordnungen erfolgen kann. In der Terminsbestimmung ist auf die Erforderlichkeit einer Bietungsbescheinigung hinzuweisen.

Artikel 5.

Ist ein Grundstück der im Artikel 1 genannten Art vor dem Inkrafttreten dieser Verordnung veräußert worden, so kann der Reichsminister für Ernährung und Landwirtschaft anordnen, daß ein angemessener Teil des Veräußerungserlöses zum Ausgleich der vom Reich und von den Gläubigern im Schuldenregelungsverfahren oder Osthilfeverfahren gebrachten Opfer an das Reich zu entrichten ist. Die Anordnung soll nur getroffen werden, wenn die Belassung des vollen Veräußerungserlöses zu einer unbilligen Bereicherung des Veräußerers führen würde. Aus der Anordnung findet die Zwangsvollstreckung nach den Vorschriften über die Vollstreckung der Urteile in bürgerlichen Rechtsstreitigkeiten statt.

1. Diese Bestimmung soll sicherstellen, daß Entschuldungsgewinne, die bei Veräußerung von Betrieben vor Inkrafttreten dieser VO. (13. 1. 1937) gemacht worden sind, zum Ausgleich der für die Entschuldung gebrachten Opfer in Anspruch genommen werden. Diese Entscheidung trifft der Reichsernährungsminister nach eigenem Ermessen. Eine derartige Anordnung wirkt wie ein rechtskräftiges Urteil, aus dem gegen den Veräußerer nach den Vorschriften der ZPO. die Vollstreckung betrieben werden kann.

Artikel 6.

Der Reichsminister für Ernährung und Landwirtschaft kann anordnen, daß ein Teil des nach Artikel 3 Abs. 1 Nr. 2, Artikel 4 und 5 an das Reich zu entrichtenden Betrages zugunsten von Gläubigern des Betriebsinhabers zu verwenden ist, soweit dies im einzelnen Falle mit Rücksicht auf die von

diesen Gläubigern im Verfahren gebrachten Opfer der Billigkeit entspricht.

Die auf Grund dieser VO. an das Reich abzuführenden Beträge sind an den zuständigen Kommissar für die Osthilfe (Landstelle) zu zahlen. Dieser verteilt gegebenenfalls nach Art. 6 diese Beträge unter die Gläubiger. Ein Rechtsanspruch auf Zahlung eines Betrages nach Art. 6 steht einem Gläubiger eines Entschuldungsbetriebes nicht zu.

Artikel 7.

Bei Grundpfandrechten, die auf einem Grundstück der im Artikel 1 bezeichneten Art eingetragen sind, und für die auf Grund des Gesetzes über die Zinsen für den landwirtschaftlichen Realkredit vom 31. Juli 1935 (RGBl. I Seite 1057) eine Reichshilfe gewährt wird, sind von dem Beginn des auf die Veräußerung folgenden Zinsabschnittes an mindestens 4 $^1/_2$ v. H. Zinsen zu zahlen.

1. Hierzu bestimmt Art. 2 der DVO. (Anhang Nr. 2) daß Art. 7 keine Anwendung findet bei Veräußerungen auf Grund von Gutsüberlassungsverträgen und ähnlichen Übergabeverträgen, die eine Vorwegnahme der Erbfolge darstellen sowie auf Grund von Verträgen, durch die der Entschuldungsbetrieb im Wege der Auseinandersetzung einer Gesellschaft oder Gemeinschaft ganz oder teilweise an einen Gesellschafter oder Gemeinschafter veräußert wird.

Artikel 8.

Der Reichsminister für Ernährung und Landwirtschaft kann die ihm nach dieser Verordnung zustehenden Befugnisse ganz oder teilweise auf andere Stellen übertragen und für bestimmte Arten von Rechtsgeschäften eine von den Vorschriften dieser Verordnung abweichende Regelung treffen.

1. Die Übertragung von Befugnissen ist geschehen durch die VO. vom 19. 4. 1937 (Anhang Nr. 2). Hiernach sind in gewissen Fällen die Entschuldungsämter und die Kommissare für die Osthilfe zuständig (vgl. Anm. 5 zu Art. 1).

2. Die VO. über die Veräußerung von Entschuldungsbetrieben ist am 13. 1. 1937 in Kraft getreten.

Anhang.

Nr. 1. Gesetz zur Änderung der Bekanntmachung über den Verkehr mit landwirtschaftlichen Grundstücken.

Vom 26. Januar 1937 (RGBl. I S. 32).

Die Reichsregierung hat das folgende Gesetz beschlossen, das hiermit verkündet wird:

Artikel 1

Die Bekanntmachung über den Verkehr mit landwirtschaftlichen Grundstücken vom 15. März 1928 (Reichsgesetzbl. S. 123) wird wie folgt geändert:

(Die Änderungen sind hier nicht abgedruckt, sie sind in der neuen Grundstücksverkehrsbekanntmachung vollständig enthalten, vgl. Anm. zu § 1, S. 18.)

Artikel 2

(1) Der Reichsminister für Ernährung und Landwirtschaft erläßt im Einvernehmen mit den zuständigen Reichsministern die zur Durchführung und Ergänzung dieses Gesetzes und der Bekanntmachung vom 15. März 1918 erforderlichen Rechts- und Verwaltungsvorschriften.

(2) Wenn die durch dieses Gesetz betroffenen Vorschriften (Artikel 1 Nr. VIII) auch Bestimmungen enthalten, die von diesem Gesetz nicht berührt werden, kann der Reichsminister für Ernährung und Landwirtschaft im Einvernehmen mit dem Reichsminister der Justiz diese durch Verordnung an den neuen Rechtszustand angleichen und in neuer Fassung und Ordnung bekanntgeben.

(3) Der Reichsminister für Ernährung und Landwirtschaft wird die Bekanntmachung über den Verkehr mit landwirtschaftlichen Grundstücken im neuen Wortlaut unter der Überschrift „Bekanntmachung über den Verkehr mit landwirtschaftlichen oder forstwirtschaftlichen Grundstücken" mit den durch die Anpassung an dieses Gesetz gebotenen Fassungsänderungen und mit fortlaufender Paragraphenfolge im Reichsgesetzblatt bekanntmachen.

(4) Dieses Gesetz tritt mit dem 1. Februar 1937 in Kraft.

Berlin, den 26. Januar 1937.

Der Führer und Reichskanzler
Adolf Hitler

Der Reichsminister für Ernährung und Landwirtschaft
R. Walther Darré

Der Reichsminister der Justiz
Dr. Gürtner

Nr. 2. Verordnung zur Ergänzung des Gesetzes zur Änderung der Bekanntmachung über den Verkehr mit landwirtschaftlichen Grundstücken.

Vom 26. Januar 1937 (RGBl. I S. 34).

Auf Grund des Artikels 2 Abs. 1 des Gesetzes zur Änderung der Bekanntmachung über den Verkehr mit landwirtschaftlichen Grundstücken vom 26. Januar 1937 (Reichsgesetzbl. I S. 32) wird im Einvernehmen mit den beteiligten Reichsministern verordnet:

Artikel 1

Das Erfordernis der Genehmigung nach der Bekanntmachung über den Verkehr mit landwirtschaftlichen oder forstwirtschaftlichen Grundstücken in der Fassung des Gesetzes vom 26. Januar 1937 (Reichsgesetzbl. I S. 35) — Grundstückverkehrsbekanntmachung — entfällt nicht deshalb, weil der Reichsminister für Ernährung und Landwirtschaft unter den Gesichtspunkten der Verordnung über die Veräußerung von Entschuldungsbetrieben vom 6. Januar 1937 (Reichsgesetzbl. I S. 5) die Genehmigung erteilt oder die Bescheinigung nach Artikel 4 Abs. 2 dieser Verordnung ausgestellt hat. § 3 Abs. 1 Nr. 3 der Grundstücksverkehrsbekanntmachung ist insofern nicht anwendbar.

Artikel 2

(1) Die Genehmigung nach der Grundstücksverkehrsbekanntmachung ist nicht erforderlich bei Rechtsgeschäften der Deutschen Reichsbahn und des Unternehmens „Reichsautobahnen".

(2) Der Reichsminister für Ernährung und Landwirtschaft wird die Befreiung nach Abs. 1 in die Neufassung der Grundstücksverkehrsbekanntmachung (Artikel 2 Abs. 3 des Gesetzes zur Änderung der Bekanntmachung über den Verkehr mit landwirtschaftlichen Grundstücken vom 26. Januar 1937 (Reichsgesetzbl. I S. 32) aufnehmen.

Artikel 3

Diese Verordnung tritt mit dem 1. Februar 1937 in Kraft.

Berlin, den 26. Januar 1937.

Der Reichsminister für Ernährung und Landwirtschaft
J. V.: Willikens

Nr. 3. Ausführungsbestimmung zur Bekanntmachung über den Verkehr mit landwirtschaftlichen oder forstwirtschaftlichen Grundstücken.

Vom 26. Januar 1937 (RGBl. I S. 38).

Auf Grund des § 12 der Bekanntmachung über den Verkehr mit landwirtschaftlichen oder forstwirtschaftlichen Grundstücken in der Fassung vom 26. Januar 1937 (Reichsgesetzbl. I S. 35) wird abweichend von der in den §§ 1 und 3 festgesetzten Grundstücksgröße von 2 Hektar bestimmt:

Die Grundstücksgröße wird festgesetzt:

a) auf 5 Hektar für die preußischen Regierungsbezirke Lüneburg, Potsdam und Stettin; die Grundstücksgröße von 2 Hektar bleibt jedoch auch in diesen Gebieten bestehen, wenn es sich um Teile eines über 5 Hektar großen Grundstücks handelt;

b) auf 1 Hektar für die Länder Baden, Hessen, Oldenburg ohne Landesteil Birkenfeld, Württemberg, für das Hamburgische Staatsgebiet und die preußischen Regierungsbezirke Aurich, Kassel, Marienwerder, Schleswig, Schneidemühl, Sigmaringen und Wiesbaden.

Berlin, den 26. Januar 1937.

Der Reichsminister für Ernährung und Landwirtschaft
J. V.: Willikens

Der Reichsminister der Justiz
J. V.: Dr. Schlegelberger

4. Ausführungsverordnung zur Bekanntmachung über den Verkehr mit landwirtschaftlichen oder forstwirtschaftlichen Grundstücken.

Vom 22. April 1937 (RGBl. I S. 534).

Auf Grund des § 12 der Bekanntmachung über den Verkehr mit landwirtschaftlichen oder forstwirtschaftlichen Grundstücken in der Fassung der Grundstücksverkehrsbekanntmachung vom 26. Januar 1937 (Reichsgesetzbl. I S. 35) wird folgendes bestimmt:

§ 1

Die Vorschriften der Grundstücksverkehrsbekanntmachung beziehen sich auch auf Teile der im § 1 näher bezeichneten Grundstücke, sofern die Größe des Teilgrundstücks $^1/_2$ Hektar oder darüber beträgt.

§ 2

(1) Die Grundstücksgröße wird abweichend von den §§ 1 und 3 Abs. 1 Ziffer 9 der Grundstücksverkehrsbekanntmachung festgesetzt:

a) auf 5 Hektar für die preußischen Regierungsbezirke Lüneburg, Potsdam und Stettin;

b) auf 1 Hektar für die Länder Hamburg, Oldenburg, Thüringen, Württemberg und die preußischen Regierungsbezirke Aachen, Allenstein, Aurich, Düsseldorf, Kassel, Koblenz, Köln, Marienwerder, Oppeln, Schleswig, Schneidemühl, Sigmaringen, Trier und Wiesbaden;

c) auf $^1/_2$ Hektar für die Länder Baden, Hessen sowie für das Saarland und den bayerischen Regierungsbezirk Pfalz.

(2) Die im § 1 festgesetzte Mindestgröße des Teilgrundstücks beträgt in den Fällen des Absatzes 1 unter b und c $^1/_4$ Hektar.

§ 3

(1) Die Ausführungsbestimmung zur Bekanntmachung über den Verkehr mit landwirtschaftlichen oder forstwirtschaftlichen Grundstücken vom 26. Januar 1937 (Reichsgesetzbl. I S. 38) wird aufgehoben.
(2) Diese Verordnung tritt mit dem 1. Mai 1937 in Kraft.

Berlin, den 22. April 1937.

Der Reichsminister für Ernährung und Landwirtschaft
J. V.: Willikens

Der Reichsminister der Justiz
J. V.: Dr. Schlegelberger

Nr. 5. Richtlinien des Reichsernährungsministers zur Grundstücksverkehrsbekanntmachung.

Vom 26. Januar 1937 (LwRMBl. 1937 S. 74).

Nachstehend abgedruckte Richtlinien zur Bekanntmachung über den Verkehr mit landwirtschaftlichen oder forstwirtschaftlichen Grundstücken in der vom 1. Februar 1937 an geltenden Fassung (RGBl. I S. 35) bringe ich mit der Bitte um Beachtung und weitere Veranlassung zur Kenntnis.

Richtlinien
zur Bekanntmachung über den Verkehr mit landwirtschaftlichen oder forstwirtschaftlichen Grundstücken in der vom 1. Februar 1937 an geltenden Fassung (RGBl. I S. 35).

Für die Ausführung der in wesentlichen Punkten den heutigen Verhältnissen angepaßten Bekanntmachung über den Verkehr mit landwirtschaftlichen oder forstwirtschaftlichen Grundstücken sind nachstehende Richtlinien maßgebend. Auf die als Anlage beigefügte Begründung zum Gesetz zur Änderung der Bekanntmachung über den Verkehr mit landwirtschaftlichen Grundstücken vom 15. März 1918 wird als Ergänzung verwiesen. Die bisherigen Erlasse und Ausführungsanweisungen behalten, soweit sie nicht im Widerspruch zur Grundstückverkehrsbekanntmachung und diesen Richtlinien stehen, ihre Geltung. Im übrigen werden diese Erlasse sowie die Absichten und Ziele der alten Bundesratsbekanntmachung als bekannt vorausgesetzt.

Die Bekanntmachung über den Verkehr mit landwirtschaftlichen oder forstwirtschaftlichen Grundstücken ist nunmehr von ihrer Zweckbestimmung während der Kriegs- und Nachkriegszeit gelöst und ein bei richtigem Gebrauch geeignetes Mittel zur Durchführung nationalsozialistischer Bodenpolitik geworden. Bei ihrer Anwendung genügt es aber nicht, sich auf die Aufstellung schlagwortartiger allgemeiner Grundsätze der heutigen Bodenpolitik zu berufen; der einzelne Fall soll vielmehr bis ins einzelne durchdacht und den tatsächlichen, in jedem Fall anders liegenden Verhältnissen entsprechend entschieden werden. Eine zu starre Handhabung der Grundsätze ohne Rücksicht auf den Einzelfall wird mehr Schaden als Nutzen anrichten.

Zu den einzelnen Vorschriften der Bekanntmachung wird folgendes bemerkt:

Zu § 1:

(1) Die Genehmigungspflicht erstreckt sich nur auf land- oder forstwirtschaftliche Grundstücke. Zu den landwirtschaftlichen Grundstücken rechnen auch Grundstücke, die durch Sonderkulturen, wie Weinbau, Gärtnerei, Teichwirtschaft, genutzt werden. Ob das Grundstück im Zeitpunkt des Rechtsgeschäftes vom Eigentümer oder Besitzer tatsächlich landwirtschaftlich oder forstwirtschaftlich genutzt wird oder ob es im Kaufvertrag nach der Ansicht der Vertragschließenden anderen als landwirtschaftlichen oder forstwirtschaftlichen Zwecken zugeführt werden soll, ist für die Frage der Genehmigungspflicht ohne Bedeutung. Entscheidend ist, ob das Grundstück seiner Natur nach den üblicherweise landwirtschaftlich oder fortstwirtschaftlich zu nutzenden Grundstücken zuzurechnen ist. Andererseits fallen unter die Genehmigungspflicht nicht Grundstücke, die anderen Zwecken dienen. Hierzu rechnen insbesondere bebaute städtische Grundstücke, brachliegende Bauplätze, Fabrikgelände, Lagerplätze und ähnliche weder landwirtschaftlich noch forstwirtschaftlich genutzte Flächen. Die Entscheidung, ob das Rechtsgeschäft mit Rücksicht auf die Art des Grundstücks der Genehmigung unterliegt, trifft im Zweifelsfalle auf Grund des § 4 die Genehmigungsbehörde.

(2) Der Begriff „Grundstück" ist im wirtschaftlichen Sinne zu verstehen und umfaßt jeden einheitlich bewirtschafteten land- und forstwirtschaftlichen Grund und Boden. Nicht der Umstand ist also entscheidend, wie das den Gegenstand des Rechtsgeschäfts bildende Grundstück im Grundbuch, insbesondere, ob es auf einem oder mehreren Grundbuchblättern eingetragen ist, sondern allein die wirtschaftliche Zusammengehörigkeit. Das Grundstück kann ein selbständiger Wirtschaftsbetrieb und daher mit Gebäuden und Inventar versehen sein, es braucht aber eine solche wirtschaftliche Selbständigkeit nicht zu haben. Um ein Grundstück handelt es sich nicht nur dann, wenn sich der Grundstückskomplex aus mehreren örtlich zusammenhängenden Parzellen zusammensetzt, sondern auch dann, wenn die einzelnen Parzellen mit fremden Grundstücken im Gemenge liegen, von dem Eigentümer aber von einer Hofstelle aus bewirtschaftet werden.

(3) Grundsätzlich ist die Mindestgröße der Grundstücke, die Gegenstand eines genehmigungspflichtigen Rechtsgeschäfts sind, reichsrechtlich auf 2 ha festgesetzt; in der Ausführungsbestimmung zur Grundstücksverkehrs-

bekanntmachung vom 26. Januar 1927 (RGBl. I S. 38) ist jedoch für bestimmte Gebiete des Reiches mit Rücksicht auf die dort vorliegenden besonderen Verhältnisse die Grundstücksgröße abweichend bestimmt. Bei der Veräußerung von Teilstücken ist die Größe des aufzulassenden Grundstücks, nicht diejenige des Stammgrundstücks, von welchem ein Teil veräußert werden soll, entscheidend (Ausnahme Abverkäufe von einem Grundstück über 5 ha Größe, wenn der veräußerte Teil mehr als 2 ha umfaßt, in den Gebieten der Regierungsbezirke Stettin, Potsdam und Lüneburg). Jedoch bedürfen Kaufverträge auch dann der Genehmigung, wenn die Teilstücke zwar unter der Mindestgröße liegen, die Veräußerung mehrerer derartiger Teile aber eine nach einem einheitlichen Plan angelegte Zerschlagung eines an sich über der Mindestgröße liegenden Grundstücks erkennen läßt.

Zu § 2:

(1) Genehmigungspflichtig sind Rechtsgeschäfte über Grundstücke sowohl dinglicher als auch schuldrechtlicher Art, wie Nießbrauch, Kauf, Tausch, Pacht. Ohne die Genehmigung der Genehmigungsbehörde sind derartige Rechtsgeschäfte rechtsunwirksam. Während die Bundesratsbekanntmachung vom 15. März 1918 nicht nur eine Genehmigung des Verpflichtungsgeschäfts, sondern auch die Genehmigung des Erfüllungsgeschäfts verlangte, bestimmt die Grundstücksverkehrsbekanntmachung, daß die Genehmigung des Verpflichtungsgeschäfts auch die Genehmigung des entsprechenden Erfüllungsgeschäfts einschließt.

(2) Bei der Veräußerung eines Grundstücks im Wege der Zwangsversteigerung bedarf das Gebot der Genehmigung. Die Abgabe eines Gebots ohne Genehmigung der zuständigen Genehmigungsbehörde ist rechtsunwirksam. Der Zwangsversteigerungsrichter hat derartige Gebote zurückzuweisen (Zwangsversteigerungsgesetz § 71).

(3) Die Möglichkeit, die Genehmigung unter Auflagen zu erteilen, bezieht sich sowohl auf die Genehmigung der im Absatz 1 erwähnten Rechtsgeschäfte als auch auf die Genehmigung des Gebots bei der Veräußerung eines Grundstücks im Wege der Zwangsversteigerung.

(4) Schon nach der bisherigen Praxis ist der Kreisbauernführer und in Fällen von größerer Bedeutung der Landesbauernführer von der Genehmigungsbehörde maßgebend bei der Prüfung des Rechtsgeschäfts beteiligt worden. Diese wertvolle und nicht zu entbehrende Mitwirkung des Reichsnährstandes ist nunmehr gesetzlich festgelegt. Ich lege entscheidenden Wert darauf, daß die Einschaltung des Kreisbauernführers in das Genehmigungsverfahren möglichst frühzeitig erfolgt und daß dabei zutage tretende Zweifelsfragen im Einvernehmen mit dem Reichsnährstand geklärt werden. Wenn auf Grund der Bekanntmachung nunmehr eine behördliche Überwachung des gesamten wesentlichen ländlichen Grundstücksverkehrs erfolgt, so kann die mit dieser Überwachung erstrebte Ordnung nur in engster Zusammenarbeit mit dem Berufsstand verwirklicht werden.

Zu § 3:

(1) Die im § 3 aufgeführten Rechtsgeschäfte sind von der Genehmigung befreit, weil sie entweder, wie die Geschäfte unter Ziffern 5 bis 10, im Sinne der Bekanntmachung unbedenklich sind oder weil sichergestellt ist, daß die für derartige Rechtsgeschäfte verantwortlichen Stellen von sich aus auch die Grundsätze der Bekanntmachung wahren. Auch diese Stellen sind also verpflichtet, den nationalsozialistischen Zielen der Bekanntmachung Rechnung zu tragen. Die Aufsichtsbehörden werden auf die Erfüllung dieser Pflicht halten und etwaigen Verstößen entgegentreten. Während früher auch die Rechtsgeschäfte, die nach anderen Vorschriften der Genehmigung einer Verwaltungsbehörde, also z. B. auch einer Provinzialverwaltungsbehörde, bedurften und diese erhalten hatten, von der Genehmigungspflicht befreit waren, ist dies auf Grund der Ziffer 3 Abs. 1 nur noch bei den Rechtsgeschäften der Fall, die der Genehmigung eines Reichsministers oder einer obersten Landesbehörde bedürfen und diese erhalten haben.

(2) Wenn auch durch die Ziffer 5 des Absatzes 1 sämtliche Rechtsgeschäfte zwischen Ehegatten und Verwandten, sofern es sich um die Veräußerung eines Grundstücks handelt, genehmigungspflichtig geworden sind, so ist damit nicht beabsichtigt, in die sog. Übergabeverträge, d. h. in die Verträge, die im Wege der vorweggenommenen Erbfolge den landwirtschaftlichen Betrieb geschlossen in die Hand des Ehegatten oder eines Verwandten überführen, einzugreifen. Der Übergabevertrag wird also in der Regel ohne große Ermittlungen zu genehmigen sein. Die Genehmigung wird aber in all den Fällen zu versagen sein, in denen die Auseinandersetzung über ein land- oder forstwirtschaftliches Grundstück ohne Rücksicht auf die Grundgedanken des Erbhofrechts durchgeführt wird.

(3) Die Rechtsgeschäfte der Reichsumsiedlungsgesellschaft m. b. H., Berlin, werden fast immer auf Grund der Ziffern 4 oder 6 von der Genehmigungspflicht befreit sein; in den Fällen, in denen das nicht oder nicht zweifelsfrei der Fall ist, ist die Genehmigung mit Rücksicht auf das Aufgabengebiet der Reichsumsiedlungsgesellschaft ohne Auflagen zu erteilen. Sollten ausnahmsweise schwerwiegende Bedenken bestehen, so ist an mich zu berichten.

Zu § 4:

(1) Die Entscheidung nach Absatz 1 ist für die Fälle gedacht, in denen es zweifelhaft ist, ob ein genehmigungspflichtiges Rechtsgeschäft vorliegt. Eine derartige Zweifelsfrage soll nicht im Wege eines — vielleicht langwierigen — gerichtlichen Prozesses, sondern alsbald durch eine unanfechtbare Entscheidung der Genehmigungsbehörde geklärt werden. Ein Anwendungsfall ist z. B. der, daß das Grundbuchamt ein Rechtsgeschäft für genehmigungspflichtig hält, die Genehmigungsbehörde dagegen nicht. Die Entscheidungen nach Absatz 1 können nur im Rahmen der geltenden Grundstücksverkehrsbekanntmachung getroffen werden; es

besteht demnach nicht die Möglichkeit, etwa auf Grund von Entscheidungen nach Absatz 1 nicht genehmigungspflichtige Rechtsgeschäfte entgegen dem Gesetz einer Genehmigungspflicht zu unterwerfen. Die Entscheidungen nach Absatz 1 sind mit einer Begründung versehen.

(2) Das im Absatz 2 vorgesehene Zeugnis kann ausgestellt werden, wenn die Genehmigungsbehörde auf Grund des Absatzes 1 entschieden hat, daß die Genehmigung nicht erforderlich ist.

(3) Der im Absatz 3 vorgesehene Nachweis ist dem Grundbuchamt gegenüber durch die Bescheinigung der Genehmigungsbehörde zu führen. Die Bescheinigung ist — anders als das Zeugnis nach Absatz 2 — nicht Ausfluß einer nach Absatz 1 ergangenen Entscheidung. Wenn z. B. das Grundbuchamt entgegen der Bescheinigung das Rechtsgeschäft für genehmigungspflichtig hält, so würde erst dann die Genehmigungsbehörde nach Absatz 1 zu entscheiden haben. Die für die Ausstellung der Bescheinigung in den Fällen des § 3 Absatz 1 Ziffern 6 bis 9 erforderlichen Unterlagen hat sich die Genehmigungsbehörde entweder unmittelbar von den für die dort genannten Geschäfte zuständigen Aufsichtsbehörden zu beschaffen oder sie kann deren Beibringung den Antragstellern aufgeben.

Zu § 5:

(1) Der § 5 regelt die Versagungsmöglichkeiten der der Bekanntmachung unterliegenden Rechtsgeschäfte. Die Versagung ist nicht in das freie Ermessen der Genehmigungsbehörden gestellt, sondern streng an die Grundvorschrift des § 5 gebunden. Nur wenn der Ausführung ein erhebliches öffentliches Interesse entgegensteht, darf die Genehmigung des Rechtsgeschäftes versagt werden. Ist das aber der Fall, dann kann und muß die Genehmigung versagt werden, auch wenn nicht ausdrücklich einer der in den 5 Ziffern des Absatzes 1 aufgeführten Versagungsgründe vorliegt. Der Unterschied gegenüber der Bundesratsbekanntmachung vom 15. März 1918 liegt demnach darin, daß bei Ablehnung der Genehmigung früher zwingend einer der fünf Versagungsgründe des § 3 vorliegen mußte, jetzt aber die 5 Ziffern des Absatzes 1 § 5 nur noch die Bedeutung von Hauptbeispielen für die Versagung haben. Außer bei Zutreffen eines der fünf Gründe kann das öffentliche Interesse z. B. erheblich verletzt werden, wenn das Rechtsgeschäft wesentliche staats- und rassepolitische Gesichtspunkte verletzt, oder wenn durch das Rechtsgeschäft eine bevorstehende Erbhofbildung zerschlagen wird, oder wenn durch den Verkauf eines größeren Grundstücks die für eine Dorfgemeinschaft wesentliche Neubildung von Erbhöfen im Wege der Anliegersiedlung auf lange Sicht unmöglich gemacht wird, oder wenn ein Landwirt, der bereits über mehrere Güter verfügt, weitere land- oder forstwirtschaftliche Grundstücke zu erwerben beabsichtigt. Selbstverständlich sind noch andere Beispiele für Rechtsgeschäfte, die das öffentliche Interesse erheblich verletzen, denkbar. Liegen die in den 5 Ziffern aufgeführten Versagungsgründe nicht vor, so soll eine Versagung auf Grund der Generalklausel auf die Fälle beschränkt sein, die ihre Anwendung zwingend fordern.

(2) Die Ziffer 2 des Absatzes 1 stellt einen selbständigen, ohne Zusammenhang mit der Ziffer 1 stehenden Versagungsgrund dar, d. h. auch wenn durch die Überlassung eines zum Betriebe der Landwirtschaft bestimmten Grundstücks an einen Nichtlandwirt die Volksernährung nicht gefährdet erscheint, ist in der Regel die Genehmigung aus grundsätzlichen Erwägungen zu versagen, da der landwirtschaftlich genutzte Grund und Boden in die Hand des Bauern und Landwirts gehört. Nur in den Fällen, in denen beim Vorliegen schlechter Bodenverhältnisse auf Grund des wirtschaftlichen Zustandes des Grundstücks ein mit normalen Geldmitteln ausgestatteter Landwirt sein Fortkommen nicht finden dürfte, kann die Genehmigung auch trotz des Vorliegens des Versagungsgrundes der Ziffer 2 erteilt werden, sofern der Nichtlandwirt die blutmäßigen und charakterlichen Voraussetzungen, die an einen Bewirtschafter deutschen Grund und Bodens zu stellen sind, erfüllt. Eine derartige Genehmigung wird aber immer zu den großen Ausnahmen zu rechnen haben.

(3) Während die Bundesratsbekanntmachung vom 15. März 1918 im § 3, Ziffer 5, nur die Übereignung eines Grundstücks unter Ausnutzung der Notlage des Eigentümers zu unbilligen Bedingungen verhindern wollte, ermöglicht nunmehr die Ziffer 5 ein Einschreiten in jedem Falle, in dem der Wert des Grundstücks in einem groben Mißverhältnis zum Gegenwert steht. Allerdings ist hier das Vorliegen eines groben Mißverhältnisses Voraussetzung, und es genügt keineswegs eine verhältnismäßig geringe Überschreitung des angemessenen Wertes des Grundstücks.

(4) Bei der Veräußerung im Wege der Zwangsversteigerung sollen bei Anwendung der Vorschriften des Absatzes 1 die Belange der dinglichen Gläubiger angemessen berücksichtigt werden. Das bedeutet nicht, daß die Genehmigung zur Abgabe des Gebots einem dinglichen Gläubiger in jedem Falle erteilt werden muß. Die Genehmigung muß nach besonders gewissenhafter Prüfung auch in diesen Fällen versagt werden, wenn durch die Abgabe des Gebots ein erhebliches öffentliches Interesse verletzt wird. Diese Gefahr wird nicht vorliegen und daher ist auch die Genehmigung zu erteilen, wenn ein unter staatlicher Aufsicht stehendes öffentliches Kreditinstitut das Grundstück zur Sicherung seiner dinglichen Belastung ersteigern will. Gegebenenfalls kann ein Verbleiben des Grundstücks in der Hand des Kreditinstituts durch die Auflage einer in angemessener Frist vorzunehmenden Weiterveräußerung verhindert werden.

(5) Wie im § 2 festgelegt, kann die Genehmigung auch unter Auflagen erteilt werden. Die Auflagen sind jedoch ebensowenig wie die Erteilung oder Versagung der Genehmigung selbst in das freie Ermessen der Genehmigungsbehörden gelegt, sondern dürfen nur der Sicherung der mit der Grundstückverkehrsbekanntmachung verfolgten und im § 5 festgelegten Grundsätze dienen. Von der Genehmigung unter Auflagen wird namentlich dann Gebrauch zu machen sein, wenn die künftige Schädlichkeit oder Unschädlichkeit des Rechtsgeschäfts im Sinne des § 5 nicht mit Sicherheit beurteilt werden kann. In diesen Fällen hat die Auflage die Gefahr, die aus dem Rechtsgeschäft im Sinne des § 5 er-

wachsen könnte, zu bannen. Sie soll keinesfalls der Preis sein, den der Erwerber für die Genehmigung zahlt. Das Gebiet der Auflagen ist besonders schwierig; es empfiehlt sich daher, bei beabsichtigter Erteilung der Genehmigung unter Auflagen eingehend vorher mit den Beteiligten zu verhandeln und von Auflagen, die nicht im klaren Zusammenhang mit den Grundgedanken des § 5 stehen, abzusehen. Die Auflagen können den Inhalt des Rechtsgeschäfts wesentlich verschieben; deshalb ist zu prüfen, ob den Beteiligten diese Verschiebung zugemutet werden kann, oder ob es nicht zweckdienlicher ist, die Genehmigung des Rechtsgeschäfts zu versagen.

Zu § 7:

Die für die richtige Beurteilung eines Genehmigungsantrages notwendige eingehende Fühlungnahme mit Reichsnährstand und Siedlungsbehörde darf die Entscheidung über einen Genehmigungsantrag nicht wesentlich verzögern. Auch die Entscheidung über die Beschwerde ist bei aller Rücksicht auf die notwendige eingehende Prüfung so schnell wie möglich zu treffen. Ich lege den größten Wert darauf, daß die Ermittlungen, die auf Grund der Bekanntmachung anzustellen sind, von allen beteiligten Stellen so vordringlich bearbeitet werden, daß der für die vertragschließenden Teile und für das Grundstück besonders schädliche Schwebezustand bis zur Entscheidung über die Genehmigung, soweit es irgend mit einer eingehenden Prüfung zu vereinbaren ist, möglichst abgekürzt wird.

Zu § 9:

(1) Durch die teilweise Neuregelung der Strafbestimmungen ist nunmehr die Inbesitznahme eines Grundstücks auch vor der Entscheidung über den Genehmigungsantrag möglich, ohne daß der neue Besitzer sich strafbar macht. Durch das Genehmigungsverfahren wird also die notwendige Bewirtschaftung des Grundstücks während der üblichen Dauer des Verfahrens nicht aufgehalten. Die Bewirtschaftung und die Inbesitznahme des Grundstücks ohne Genehmigung erfolgen aber auf eigene Gefahr der vertragschließenden Parteien. Bei der Prüfung der Genehmigungsanträge ist auf die Tatsache, daß der Betreffende bereits im Besitze des Grundstücks ist, vielleicht sogar schon größere Geldbeträge in dem Grundstück angelegt hat, keine Rücksicht zu nehmen.

(2) Die Strafbestimmungen sind aber insofern erweitert, als nicht nur die Übertragung oder der Erwerb des Besitzes entgegen einer rechtskräftigen Versagung oder Genehmigung mit Strafe bedroht wird; nunmehr macht sich auch strafbar, wer, ohne die erforderliche Genehmigung nachgesucht zu haben, den Besitz eines Grundstücks behält oder einem anderen beläßt. Dies kann insbesondere bei Pachtverhältnissen der Fall sein.

(3) Wer die bei Erteilung der Genehmigung gemachten Auflagen nicht erfüllt, kann mit Gefängnis bis zu einem Jahr oder mit Geldstrafe oder mit einer dieser Strafen bestraft werden. Bei Nichterfüllung der

Auflagen bleibt das Rechtsgeschäft wirksam. Auch die Zwangsversteigerung gilt als durchgeführt, wenn die bei Genehmigung zur Abgabe des Gebots gemachten Auflagen nicht erfüllt sind. Ich lege aber Wert darauf, daß die Genehmigungsbehörden über die Erfüllung der gemachten Auflagen wachen und in den ihnen geeignet erscheinenden Fällen die Anwendung des § 9 veranlassen.

Der Zeitpunkt des Inkrafttretens der Neufassung ist auf den 1. Februar 1937 festgesetzt. Ist ein Veräußerungsvertrag über ein Grundstück, das bisher nicht der Bundesratsbekanntmachung über den Verkehr mit landwirtschaftlichen Grundstücken vom 15. März 1918 unterlag, vor dem Inkrafttreten der Bekanntmachung über den Verkehr mit wirtschaftlichen oder forstwirtschaftlichen Grundstücken geschlossen und ab 1. Februar d. J. genehmigungspflichtig, so soll die Auflassung im allgemeinen genehmigt werden; nur in den Fällen, wo grobe Mißstände auf der Hand liegen, ist gegebenenfalls die Genehmigung zu versagen.

Nr. 6. Amtl. Begründung zum Gesetz zur Änderung der Bekanntmachung über den Verkehr mit landwirtschaftlichen Grundstücken.

(LwRMBl. 1937, S. 83.)

Der Besitzwechsel des landwirtschaftlichen oder forstwirtschaftlichen Grund und Bodens ist nicht lediglich ein Grundstücksverkehr zwischen Veräußerer und Erwerber, sondern ein Vorgang, der die Gemeinschaft angeht und an den der Staat und der Stand bestimmte Anforderungen stellen müssen, damit der Besitzwechsel nicht die Ordnung im landwirtschaftlichen Bereich gefährdet. Der Besitzwechsel soll vielmehr der Verwirklichung dieser Ordnung dienen.

Je mehr die Bundesratsbekanntmachung über den Verkehr mit landwirtschaftlichen Grundstücken vom 15. März 1918 — RGBl. 123 — in einer der heutigen Auffassung über den Grundstücksverkehr entsprechenden Form angewandt werden sollte, zeigte es sich, daß mit der Bekanntmachung weder eine schädliche Veränderung in der Struktur des Grundbesitzes verhindert noch sonstige Grundsätze nationalsozialistischer Agrarpolitik verwirklicht werden konnten. Nunmehr soll das Gesetz zur Änderung der Bekanntmachung über den Verkehr mit landwirtschaftlichen Grundstücken der Verwirklichung nationalsozialistischer Bodenordnung dienen. Es erstrebt aber nur dort eine Änderung der alten Bundesratsbekanntmachung, wo sich wesentliche Mißstände ergeben haben.

Zu I.

Der § 1a bringt als wesentliche Ergänzung der bisher der Genehmigung unterworfenen Rechtsgeschäfte die Einbeziehung der Veräußerung im Wege der Zwangsversteigerung. Nachdem das Erbhofrecht und die im allgemeinen strengere Handhabung der Bundesratsbekanntmachung den freihändigen Erwerb größerer Grundstücke sehr erschwert hat, mehren sich die Fälle des Grundstückserwerbs im Wege der Zwangsversteigerung durch ungeeignete Personen. Falls der Käufer eines Grundstücks die Gewißheit erlangt hat, daß ihm der Erwerb des Grundstücks durch normalen Kauf nicht genehmigt wird, versucht er häufig, sich ein anderes Grundstück oder sogar dasselbe Grundstück durch Zwangsversteigerung zu verschaffen. Der Erwerb erfolgt — in den überwiegenden Fällen klar erkennbar — zu Zwecken der Kapitalsanlage, gelegentlich wohl auch aus Liebhaberei (Jagd- und Erholungssitz). In den Kreisen der Bauern und Landwirte, die ihren vorhandenen großen Bedarf an Land nicht decken können, herrscht allgemeine Erregung und Verbitterung über diese noch immer mögliche kapitalistische und spekulative Ausnutzung deutschen Grund und Bodens. Die Einbeziehung der Veräußerung von Grundstücken im Wege der Zwangsversteigerung in das Genehmigungsverfahren wird somit zur zwingenden Notwendigkeit.

Die weiter vorgesehene Einschaltung des Kreisbauernführers in das Genehmigungsverfahren dient einer fachgemäßen und beschleunigten Prüfung der mit der Entscheidung verbundenen Fragen.

Zu II.

Nach den bei der Handhabung der Bundesratsbekanntmachung gemachten Erfahrungen war es erforderlich, den Kreis der Stellen, deren Rechtsgeschäfte einer Genehmigung nicht unterliegen, zu ändern. Es sind nunmehr die Rechtsgeschäfte der Körperschaften und der Anstalten des öffentlichen Rechts der Genehmigungspflicht unterworfen. Andererseits ist es selbstverständlich, daß bei dieser Neuregelung die Rechtsgeschäfte der Nationalsozialistischen Deutschen Arbeiterpartei von der Genehmigungspflicht befreit blieben. Die Rechtsgeschäfte zwischen Verwandten sind, soweit es sich insbesondere um die Veräußerung eines Grundstücks handelt, grundsätzlich genehmigungspflichtig geworden. Die Neufassung des § 2 trägt in den Ziffern 5—8 den Belangen der Neubildung deutschen Bauerntums, der Kleinsiedlung sowie der Planung mehr Rechnung als die bisherige Regelung. Die bisher bei Erbhöfen notwendige Doppelgenehmigung ist aufgehoben.

Zu IV.

Die Erweiterung zu § 3 durch Einschaltung einer Generalklausel ist aus allgemein staatspolitischen Gründen notwendig, da eine Reihe von Fällen von Bedeutung unter Zuhilfenahme der bisherigen 5 Ziffern nicht in einem mit den Staatsnotwendigkeiten übereinstimmenden Sinne gesteuert werden konnte. Der Absatz 2 des Paragraphen sieht die angemessene Berücksichtigung der Belange der dinglichen Gläubiger vor.

Durch Änderung der Ziffer 5 ist es nunmehr möglich, die Genehmigung auch zu versagen, wenn der Gegenwert in einem groben Mißverhältnis den tatsächlichen Wert des Grundstücks übersteigt.

Zu VI.

Die Änderung der Strafvorschrift ist den Erfahrungen auf Grund der bisherigen Fassung des § 7 angepaßt.

Zu VII, VIII, IX.

Die Änderungen der §§ 8 und 9 sowie die Einfügung des § 9a sind notwendig, um entweder formell diese Paragraphen der Neufassung anzupassen oder um die Einheitlichkeit der Überwachung des Grundstückverkehrs sicherzustellen. Gerade aus letzterem Grunde ist es notwendig geworden, die weitergehenden landesrechtlichen Bestimmungen zu einem bestimmten Termin außer Kraft treten zu lassen.

Nr. 7. Runderlaß des Reichsernährungsministers zur Grundstücksverkehrsbekanntmachung.

Vom 26. Januar 1937 (LwRMBl. 88).

Im Anschluß an die zu dem Gesetz zur Änderung der Bekanntmachung über den Verkehr mit landwirtschaftlichen Grundstücken vom 26. Januar 1937 (RGBl. I S. 32) von mir erlassenen Richtlinien (LwRMBl. 73) wird im Einvernehmen mit dem Herrn Reichs- und Preuß. Minister des Innern, dem Herrn Reichsminister der Justiz, dem Herrn Reichs- und Preuß. Minister für Wissenschaft, Erziehung und Volksbildung und dem Herrn Reichs- und Preuß. Minister für die kirchlichen Angelegenheiten auf folgendes hingewiesen:

Im § 3 Abs. 1 Ziff. 1 bis 4 und 11 der Bekanntmachung über den Verkehr mit landwirtschaftlichen oder forstwirtschaftlichen Grundstücken in der vom 1. Februar 1937 geltenden Fassung (RGBl. I S. 35) sind bestimmte Rechtsgeschäfte von der Genehmigung durch die Genehmigungsbehörde befreit. Die Befreiung ist nur erfolgt, weil die Berücksichtigung der mit der Grundstücksverkehrsbekanntmachung verfolgten Ziele für die befreiten Stellen selbstverständlich sein muß. Diese Stellen haben daher bei der Entscheidung über Billigung oder Durchführung des Rechtsgeschäfts stets auch zu prüfen, ob aus den Gründen der Grundstücksverkehrsbekanntmachung die Genehmigung zu versagen oder von der Durchführung des Rechtsgeschäfts abzusehen ist.

Die beteiligten Fachminister werden im Einvernehmen mit mir die für die Sicherstellung des im Abs. 1 dieses Erlasses festgelegten Grundsatzes notwendigen Anweisungen erlassen.

Nr. 7a. Runderlaß des Reichsernährungsministers über die Grundstücksverkehrsbekanntmachung und Deutsche Siedlungsbank.

Vom 17. April 1937 (LwRMBl. 1937, S. 341).

Die Rechtsgeschäfte der Deutschen Siedlungsbank werden der Genehmigung auf Grund der Grundstücksverkehrsbekanntmachung vom 26. 1. 1937 (RGBl. I S. 35) mit Rücksicht auf die Befreiungsvorschrift des § 3 Ziffer 6 nur in beschränktem Umfange unterliegen, sie sind mit Rücksicht auf den Aufgabenbereich der Deutschen Siedlungsbank grundsätzlich nicht zu beanstanden. Daher ist, soweit eine Genehmigung auf Grund der Grundstücksverkehrsbekanntmachung erforderlich erscheint, die Genehmigung beschleunigt und ohne Auflagen zu erteilen. Sollten ausnahmsweise Bedenken bestehen, so ist an mich zu berichten.

Nr. 7 b. Runderlaß des Reichsernährungsministers über die Grundstücksverkehrsbekanntmachung und Preußische Landesrentenbank.

Vom 1. Juni 1937 (LwRMBl. 1937, S. 473).

Die Bestimmungen meines Erlasses vom 17. 4. 1937 — VIII 14719 (LwRMBl. S. 341) gelten sinngemäß für Gebote der Preußischen Landesrentenbank.

Nr. 8. Runderlaß des Reichsernährungsministers.

Vom 7. Mai 1937 (LwRMBl. S. 421).

Im Einvernehmen mit dem Herrn Reichsforstmeister und Preußischen Landesforstmeister ersuche ich Sie, die nach dem Gesetz über den Verkehr mit landwirtschaftlichen oder forstwirtschaftlichen Grundstücken vom 26. Januar 1937 (RGBl. I Seite 35) zur Erteilung der Genehmigung zuständigen Behörden anzuweisen, in allen Fällen, in denen es sich um den Verkehr mit zugleich landwirtschaftlichen und forstwirtschaftlichen oder mit ausschließlich forstwirtschaftlichen Grundstücken handelt, vor der Erteilung oder Versagung der Genehmigung stets die zuständige staatliche Forstaufsichtsbehörde zu hören. Diese Pflicht besteht sowohl bei Entscheidungen in erster Instanz als auch bei solchen in der Berufungsinstanz.

Nr. 9. Runderlaß des Reichsinnenministers.

Vom 17. März 1937 (RMBliV. S. 445).

(1) In dem Gesetz zur Änderung der Bekanntmachung über den Verkehr mit landwirtschaftlichen Grundstücken vom 26. 1. 1937 (RGBl. I S. 32) sind auf meine Veranlassung die Rechtsgeschäfte der Gemeinden und Gemeindeverbände und ihrer Zweckverbände von der Genehmigungspflicht ausgenommen worden, um für den Grundstücksverkehr nicht neue Genehmigungspflichten neben den nach der DGO. schon bestehenden einzuführen.

(2) Das hat nicht die Bedeutung, daß diese Körperschaften die Grundgedanken der Bekanntmachung und der dazu ergangenen Richtlinien (LwRMBl. 1937 S. 74) nicht zu beachten brauchen; im Gegenteil ist die

Befreiung von der Genehmigungspflicht nur erfolgt, weil die Berücksichtigung der mit der Bekanntmachung verfolgten Ziele für die befreiten Stellen selbstverständlich sein muß und von mir erwartet wird.

(3) Ich ersuche auch die Gemeindeaufsichtsbehörden, in den Verfahren zur Genehmigung von Grundstücksverkäufen oder Darlehnsaufnahmen zu Grunderwerbszwecken stets zu prüfen, ob die Grundsätze der Bekanntmachung berücksichtigt sind, und in Zweifelsfällen die Genehmigungsbehörden zu hören. Will die Gemeindeaufsichtsbehörde trotz der abweichenden Stellungnahme der Genehmigungsbehörde dem Rechtsgeschäft zustimmen, so ist mir vorher zu berichten oder, falls ohnehin zu berichten ist, bei Berichterstattung dies besonders zu vermerken.

Nr. 10. A. V. des Reichsjustizministers zur Grundstücksverkehrsbekanntmachung.

Vom 4. Februar 1937 (DJ. S. 217).

Infolge der Änderung der Bekanntmachung über den Verkehr mit landwirtschaftlichen Grundstücken vom 15. März 1918 durch das Gesetz vom 26. Januar 1937 (RGBl. I S. 32) unterliegt mit Wirkung vom 1. Februar 1937 an auch die Veräußerung land- und forstwirtschaftlicher Grundstücke im Wege der Zwangsversteigerung der Genehmigungspflicht, wenn hinsichtlich der Grundstücksgröße die erforderlichen Voraussetzungen (§§ 1, 12 der Grundstücksverkehrsbekanntmachung mit der Ausführungsbestimmung vom 26. Januar 1937, RGBl. I S. 35, 38) gegeben sind. In solchen Fällen bedarf somit künftig die Abgabe eines wirksamen Gebots der vorherigen Genehmigung der nach § 10 der Grundstücksverkehrsbekanntmachung zuständigen Behörde (§ 2 Abs. 3 der Grundstücksverkehrsbekanntmachung, § 71 des Zwangsversteigerungsgesetzes). Im Hinblick hierauf ergehen folgende Anordnungen:

1. Die Vollstreckungsbehörde, der die Zwangsversteigerung obliegt, soll der nach § 10 der Grundstückverkehrsbekanntmachung zuständigen Behörde von der Terminsbestimmung unverzüglich Mitteilung machen.

2. In der Terminsbestimmung (§ 37 des Zwangsversteigerungsgesetzes) soll auf das Erfordernis der vorherigen Einholung der Genehmigung der zuständigen Behörde hingewiesen werden.

3. Die Vollstreckungsbehörden haben darauf Bedacht zu nehmen, daß zwischen der Bewirkung der Bekanntmachung der Terminsbestimmung und dem Versteigerungstermin selbst ein ausreichend bemessener Zeitraum liegt.

4. Soweit Termine für die Zwangsversteigerung land- oder forstwirtschaftlicher Grundstücke von der vorgesehenen Größe schon vor Inkrafttreten des Gesetzes vom 26. Januar 1937 anberaumt sind, wird der Termin aufzuheben und unter Beachtung der vorstehenden Grundsätze von neuem anzuberaumen sein. Gleichzeitig ist der nach § 10 der Grundstücksverkehrsbekanntmachung zuständigen Behörde von dem neuen Termin Mitteilung zu machen.

Nr. 11. Verordnung zur Durchführung der Verordnung über die Veräußerung von Entschuldungsbetrieben.

Vom 19. April 1937 (RGBl. I S. 466).

Auf Grund des Art. 8 der Verordnung über die Veräußerung von Entschuldungsbetrieben (Veräußerungsverordnung) vom 6. Januar 1937 (RGBl. I S. 5) wird im Einvernehmen mit dem Reichsminister der Justiz und dem Reichsminister der Finanzen verordnet:

Artikel 1.

(1) Werden Erbhöfe oder Betriebe mit weniger als 7,5 ha Eigenland ganz oder teilweise freihändig oder im Wege der Zwangsversteigerung veräußert, so werden die in der Veräußerungsverordnung vorgesehenen Entscheidungen von dem zuständigen Entschuldungsamt, bei Osthilfeentschuldungsbetrieben von dem zuständigen Kommissar für die Osthilfe (Landstelle) getroffen. Das gleiche gilt, wenn Grundstücke auf Grund einer dem Betriebsinhaber im Entschuldungsplan oder Vergleichsvorschlag auferlegten Verpflichtung veräußert werden. Im Falle der Zwangsversteigerung solcher Grundstücke hat das Vollstreckungsgericht die im Art. 4 Abs. 3 der Veräußerungsverordnung vorgesehenen Mitteilungen an das zuständige Entschuldungsamt oder den zuständigen Kommissar für die Osthilfe (Landstelle) zu richten. Unberührt bleibt die Befugnis des Reichsministers für Ernährung und Landwirtschaft, auch in den durch Satz 1 und 3 nicht getroffenen Fällen die Entscheidung auf andere Stellen zu übertragen.

(2) In den Fällen, in denen die Entscheidung dem Reichsminister für Ernährung und Landwirtschaft vorbehalten ist, kann er das zuständige Entschuldungsamt anhören.

(3) Eine auf Grund der Veräußerungsverordnung ergangene Entscheidung des Reichsministers für Ernährung und Landwirtschaft, des Entschuldungsamtes und des Kommissars für die Osthilfe (Landstelle) ist nicht deshalb unwirksam, weil für die Entscheidung eine andere dieser Stellen zuständig war.

Artikel 2.

Art. 7 der Veräußerungsverordnung gilt nicht bei Veräußerungen auf Grund von Gutsüberlassungsverträgen oder ähnlichen Übergabeverträgen, die eine Vorwegnahme der Erbfolge darstellen, sowie auf Grund von Verträgen, durch die der Entschuldungsbetrieb im Wege der Auseinandersetzung einer Gesellschaft oder Gemeinschaft ganz oder teilweise an einen Gesellschafter oder Gemeinschafter veräußert wird.

Artikel 3.

Art. 1 tritt mit dem 1. Mai 1937, Art. 2 tritt mit Wirkung vom 13. Januar 1937 in Kraft.

Nr. 12. Richtlinien zur Veräußerungsverordnung.

Erlaß des Reichs- und Preußischen Ministers für Ernährung und Landwirtschaft an die Kommissare für die Osthilfe (Landstellen) vom 29. April 1937 — IV 1. 1097—199—. (AMC. 1937 Heft 254.)

Durch die Verordnung zur Durchführung der Verordnung über die Veräußerung von Entschuldungsbetrieben vom 19. April 1937 (RGBl. I S. 466) werden den Kommissaren für die Osthilfe (Landstellen) und den Entschuldungsämtern die Entscheidungen nach der Verordnung vom 6. Januar 1937 für bestimmte Fälle übertragen. Ich ersuche, bei diesen Entscheidungen nach folgenden Richtlinien zu verfahren:

1. Die Genehmigung einer Veräußerung ist grundsätzlich erst dann zu erteilen, wenn ein bindender Kaufvertrag vorliegt, zu dem alle anderen etwa erforderlichen Genehmigungen beigebracht sind. Hierzu gehören insbesondere die Genehmigung des Anerbengerichts, die Genehmigung nach der Grundstückverkehrsbekanntmachung vom 26. Januar 1937 und die Genehmigung nach dem Wohnsiedlungsgesetz vom 22. September 1933. Solange nicht ein beide Parteien bindender Kaufvertrag vorliegt, ersuche ich, von Zusagen oder Stellungnahmen irgendwelcher Art abzusehen.

2. Vor der Genehmigung eines Kaufvertrages muß, wenn der Betrieb noch mit Reichsmitteln belastet bleibt, feststehen, daß der Erwerber die Gewähr für die Sicherheit dieser Mittel bietet (Art. 3 Abs. 1 Nr. 3 der Verordnung vom 6. Januar 1937). Hierzu ist die Stellungnahme des Reichsnährstandes einzuholen. Einer Prüfung der Persönlichkeit des Erwerbers bedarf es in der Regel nicht, wenn der Vertrag vom Anerbengericht genehmigt worden ist.

3. In den Fällen des Art. 3 Abs. 1 Nr. 2 der Verordnung vom 6. Januar 1937 wird in der Regel nicht die Versagung der Genehmigung, sondern die Genehmigung unter einer Auflage in Frage kommen. Die Höhe des von dem Verkäufer danach an das Reich abzuführenden Betrages richtet sich nach den Umständen des einzelnen Falles; für die Entscheidung sind vor allem die Höhe des Verkaufsgewinns, die Höhe der Opfer des Reichs und der Gläubiger und der Verwendungszweck des Verkaufserlöses maßgebend. Bei den vom Reich gebrachten Opfern sind außer den Nachlässen auf Reichsforderungen oder den Kürzungen zu Lasten des Reichs (§§ 29, 65 SchRG.) auch die vom Reich einer Grundkreditanstalt etwa gewährten Zinszuschüsse zu berücksichtigen. Die Höhe dieser Zinszuschüsse kann bei der Grundkreditanstalt ermittelt werden. Zu den Opfern des Reichs gehören ferner die Kosten, die dem Reich bei Durchführung des Verfahrens erwachsen sind. Als Richtsatz für die Höhe dieser Kosten kann die dreifache Gerichtsgebühr in der Berufungsinstanz (§§ 8, 20, 28 des Deutschen Gerichtskostengesetzes), berechnet nach dem Kaufpreis, gelten.

Bei der Bemessung der Auflage ist auch zu prüfen, ob dem Verkäufer auferlegt werden soll, die Betriebssicherungsmittelhypothek, die Entschuldungshypothek der Industriebank oder festgeschriebene Forderungen ganz oder teilweise zurückzuzahlen.

Der nach der Auflage an das Reich zu entrichtende Betrag ist an den zuständigen Kommissar für die Osthilfe (Landstelle) zu zahlen, der gegebenenfalls eine Anordnung nach Art. 6 der Verordnung vom 6. Januar 1937 erläßt.

4. Im Zwangsversteigerungsverfahren ersuche ich, von dem Recht aus Art. 4 Abs. 1 der Verordnung vom 6. Januar 1937 regelmäßig Gebrauch zu machen. Das Ersuchen nach Art. 4 Abs. 2 a. a. O. wird vor allem dann angebracht sein, wenn der Betrieb mit von der Landstelle verwalteten Reichsmitteln belastet ist; in diesen Fällen kann die Erteilung der Bietungsgenehmigung davon abhängig gemacht werden, daß der Bewerber mit dem Reich ein Bietungsabkommen trifft, in dem er sich verpflichtet, die Forderung des Reichs zu übernehmen. In jedem Falle ist vor der Erteilung der Bietungsgenehmigung die Stellungnahme des Reichsnährstandes einzuholen.

5. Die Genehmigung ist bei allen Kaufverträgen und ähnlichen Rechtsgeschäften (Art. 1 der Verordnung vom 6. Januar 1937) erforderlich, soweit der Eigentumsübergang am 13. Januar 1937 noch nicht im Grundbuch eingetragen war. Ist der Eigentumsübergang an diesem Tage bereits eingetragen, so kommt nur Art. 5 der Verordnung vom 6. Januar 1937 in Betracht.

In allen Zweifelsfällen und bei Dienstaufsichtsbeschwerden ersuche ich um Bericht unter Vorlage der Akten. Entschuldungsplan und Nachtrag, von denen bei Beurteilung der Sachlage auszugehen ist, sind dabei kenntlich zu machen.

Drei bei mir gebräuchliche Vordrucke füge ich bei.

Nr. 13. Freistellung von den für Entschuldungsbetriebe geltenden Beschränkungen; Löschung des Entschuldungsvermerks.

Gemeinschaftliche Richtlinie des Reichs- und Preußischen Ministers für Ernährung und Landwirtschaft und des Reichsministers der Justiz auf Grund des Artikels 5 Absatz 1 und 2 der 7. DVO. zum SchRG. (GR. Nr. 77) vom 17. April 1937. (AMC. 1937 Heft 253.)

Es ist beabsichtigt, demnächst für bestimmte Fälle die Freistellung von den für Entschuldungsbetriebe geltenden Beschränkungen und die Löschung des Entschuldungsvermerks durch Anordnung zuzulassen. In Aussicht genommen ist folgende Regelung:

(1) Grundstücke, die zu einem Entschuldungsbetriebe gehören, können von den für sie nach den §§ 91—94 des Schuldenregelungsgesetzes und nach der Verordnung über die Veräußerung von Entschuldungsbetrieben vom 6. Januar 1937 (RGBl. I S. 5) geltenden Beschränkungen auf Antrag nach Maßgabe der folgenden Vorschriften befreit werden.

(2) Das Entschuldungsamt kann die Befreiung gewähren:

a) für Grundstücke, die veräußert worden sind oder veräußert werden, wenn durch die Veräußerung die Zugehörigkeit der veräußerten Grundstücke zu einem landwirtschaftlichen, forstwirtschaftlichen oder gärtnerischen Betrieb aufgehoben ist oder aufgehoben wird;

b) für Grundstücke, die im Zusammenhang mit dem Schuldenregelungsverfahren veräußert worden sind oder veräußert werden;

c) für Grundstücke, die zur Neubildung deutschen Bauerntums oder als Heimstätte oder Landarbeitereigenheim verwendet sind oder werden;

d) für Grundstücke, die im Verhältnis zu dem Stammgrundstück von so geringer Größe sind, daß ihre Abtretung für die Belastung des Stammgrundstücks unschädlich ist;

e) für Grundstücke, die gegen gleichwertige Grundstücke ausgetauscht und lastenfrei übereignet werden sollen, sofern das vom Entschuldungsbetrieb abzutrennende Grundstück im Vergleich zu dem gesamten Betrieb von geringer Größe ist.

(3) Bei Grundstücken, die der Beschränkung des § 93 des Schuldenregelungsgesetzes unterliegen, darf die Freistellung nur gewährt werden, wenn die Deutsche Rentenbank-Kreditanstalt dem Entschuldungsamt gegenüber in schriftlicher Form erklärt, daß sie auf die Sicherungshypothek des § 93, erforderlichenfalls nach Zahlung einer von der Anstalt nach billigem Ermessen zu bestimmenden Entpfändungssumme, verzichtet. Bei Abgabe dieser Erklärung braucht die Deutsche Renten-Kreditanstalt nach dem 1. Mai 1937 nur die Rechte solcher etwa gemäß § 93 gesicherter Gläubiger zu berücksichtigen, die bei ihr angemeldet sind. Einer Verzichts- oder Entpfändungserklärung dieser Gläubiger bedarf es nicht.

(4) Das Entschuldungsamt entscheidet über die Anträge durch unanfechtbaren Beschluß. Die Entscheidung lautet, falls die Freistellung von den Beschränkungen gewährt wird, auf Anordnung der Löschung des Entschuldungsvermerks. In den Fällen des Abs. 2 Buchstabe e hat das Entschuldungsamt gleichzeitig anzuordnen, daß der Entschuldungsvermerk auf den zu dem Entschuldungsbetrieb hinzuerworbenen Grundstücken eingetragen wird.

(5) Das Entschuldungsamt ersucht das Grundbuchamt auf Grund seiner Entscheidung um die Löschung des Entschuldungsvermerks im Grundbuch. In den Fällen des Absatz 2 Buchst. e ist gleichzeitig um die Eintragung des Entschuldungsvermerks auf den hinzuerworbenen Grundstücken zu ersuchen.

(6) Von der Beschränkung des § 91 des Schuldenregelungsgesetzes kann das Entschuldungsamt auch für einzelne Beleihungsfälle Freistellung gewähren; geschieht dies, so hat das Entschuldungsamt das Grundbuchamt zu ersuchen, bei Eintragung der Hypothek oder Grundschuld die Wirksamkeit des dinglichen Rechts gegenüber den Beschränkungen des Entschuldungsvermerks mit einzutragen. Ist die Veräußerung eines Grundstücks auf Grund der Verordnung über die Veräußerung von Entschuldungsbetrieben vom 6. Januar 1937 im Wege der Auflage davon

abhängig gemacht worden, daß auf dem veräußerten oder auf einem vom Veräußerer erworbenen Grundstück eine nicht dem § 91 entsprechende Hypothek eingetragen wird, so steht § 91 dieser Belastung nicht entgegen; Satz 1 Halbsatz 2 gilt sinngemäß.

Die Entschuldungsämter und sonstigen mit der Durchführung der Entschuldung befaßten Stellen werden ermächtigt, in dringenden Fällen schon jetzt entsprechend zu verfahren.

Nr. 14. Verordnung zur Sicherung der Landbewirtschaftung.

Vom 23. März 1927 (RGBl. I S. 422).

Im Zuge des Vierjahresplans soll die Nahrungsfreiheit des deutschen Volkes vor allem durch Steigerung der Erträge der heimischen Scholle sichergestellt werden. Wer ein landwirtschaftliches Grundstück oder ungenutztes Brachland besitzt, das sich zu landwirtschaftlicher Nutzung eignet, muß deshalb den Grund und Boden so bewirtschaften, daß dieses Ziel erreicht werden kann.

Um die Erfüllung dieser Aufgabe zu fördern, verordne ich auf Grund der Verordnung des Führers und Reichskanzlers zur Durchführung des Vierjahresplans vom 18. Oktober 1936 (RGBl. I Seite 887), was folgt:

§ 1

Entspricht die Art und Weise der Bewirtschaftung eines landwirtschaftlichen Betriebs oder Grundstücks durch den Nutzungsberechtigten anhaltend und in erheblichem Maße nicht den zur Sicherung der Volksernährung an die Bewirtschaftung landwirtschaftlicher Betriebe und Grundstücke zu stellenden Anforderungen, so kann die zuständige Behörde

1. **den Nutzungsberechtigten zu einer diesen Anforderungen entsprechenden Wirtschaftsführung auffordern,**
2. **die Wirtschaftsüberwachung durch einen Vertrauensmann anordnen,**
3. **die Wirtschaftsführung durch einen Treuhänder anordnen,**
4. **den Nutzungsberechtigten verpflichten, den Betrieb oder das Grundstück ganz oder zum Teil pachtweise einer in der Landwirtschaft erfahrenen Person zu überlassen.**

§ 2

Die zuständige Behörde kann den Nutzungsberechtigten eines nichtgenutzten Grundstücks, das sich zu landwirtschaftlicher Nutzung eignet,

1. **zu einer Erklärung darüber auffordern, ob er das Grundstück bestellen oder in einer anderen Weise nutzen will,**

2. verpflichten, das Grundstück ganz oder zum Teil pachtweise einer in der Landwirtschaft erfahrenen Person zum Zweck landwirtschaftlicher Nutzung zu überlassen, wenn er das Grundstück nicht bestellen oder in anderer Weise nutzen will oder wenn er entgegen seiner Erklärung die Bestellung oder die anderweitige Nutzung nicht binnen einer angemessenen Frist vornimmt.

§ 3

Auf Erbhöfe finden die Bestimmungen dieser Verordnung keine Anwendung; insoweit verbleibt es bei den Vorschriften der Erbhofverfahrensverordnung vom 21. Dezember 1936 (RGBl. I Seite 1082).

§ 4

Eine Entschädigung durch das Reich wegen eines Schadens, der durch eine nach dieser Verordnung zulässigen Maßnahme entsteht, wird nicht gewährt.

§ 5

Der Reichsminister für Ernährung und Landwirtschaft wird ermächtigt, im Einvernehmen mit dem Reichsminister der Justiz die zur Durchführung und Ergänzung dieser Verordnung erforderlichen Rechts- und Verwaltungsvorschriften zu erlassen. Er kann insbesondere im Einvernehmen mit dem Reichsminister der Justiz bestimmen, daß Zuwiderhandlungen gegen die auf Grund dieser Verordnung erlassenen Vorschriften und Anordnungen mit Gefängnis bis zu drei Monaten und mit Geldstrafe oder mit einer dieser Strafen bestraft werden.

§ 6

Diese Verordnung tritt mit dem Tage der Verkündung in Kraft. Sie tritt am 31. März 1941 außer Kraft. Pachtverträge, die auf Grund einer Verpachtungsverpflichtung nach § 1 Nr. 4 oder § 2 Nr. 2 für einen längeren Zeitraum als bis zum 31. März 1941 abgeschlossen oder festgesetzt worden sind, bleiben auch über diesen Zeitpunkt hinaus nach Maßgabe der Vertragsbestimmungen rechtswirksam.

Berlin, den 23. März 1937

Der Beauftragte für den Vierjahresplan
Göring
Ministerpräsident.

Nr. 15. Verordnung zur Durchführung der Verordnung zur Sicherung der Landbewirtschaftung.

Vom 22. April 1937 (RGBl. I S. 535).

Auf Grund des § 5 der Verordnung zur Sicherung der Landbewirtschaftung vom 23. März 1937 (Reichsgesetzbl. I S. 422) wird verordnet:

Erster Abschnitt
Allgemeines

§ 1

Nutzungsberechtigter im Sinne der Verordnung zur Sicherung der Landbewirtschaftung und dieser Verordnung ist, wer als Eigentümer, Eigenbesitzer, Pächter, Nießbraucher oder sonstiger Nutznießer einen landwirtschaftlichen Betrieb oder ein Grundstück bewirtschaftet.

§ 2

(1) Zur Landwirtschaft gehört auch der Garten- und Obstbau sowie der Weinbau.

(2) Auf Hausgärten und auf Kleingärten im Sinne der Kleingarten- und Kleinpachtlandordnung vom 31. Juli 1919 (Reichsgesetzbl. S. 1371) sowie des Ergänzungsgesetzes vom 26. Juni 1935 (Reichsgesetzbl. I S. 809) finden die Vorschriften dieser Verordnung keine Anwendung. Dasselbe gilt für Reichsheimstätten und Kleinsiedlungen, die nach den hierfür geltenden Vorschriften errichtet worden sind.

§ 3

(1) Hinsichtlich solcher landwirtschaftlicher Betriebe und solcher Grundstücke, die zu einer Konkursmasse gehören oder unter Zwangsverwaltung oder nach § 3 des preußischen Gesetzes über die Zulässigkeit des Verwaltungsverfahrens und über sonstige finanzielle Zwangsbefugnisse vom 12. Juli 1933 (Preuß. Gesetzsamml. S. 252) unter Sequestration stehen oder auf Grund der §§ 39, 91 der Vergleichsordnung vom 26. Februar 1935 (Reichsgesetzbl. I S. 321) oder des § 13 der Sicherungsverordnung vom 17. November 1931 (Reichsgesetzbl. I S. 675) einer Überwachung unterliegen, können Maßnahmen auf Grund dieser Verordnung nicht getroffen werden.

(2) Das gleiche gilt, wenn die Verwaltung und Bewirtschaftung eines landwirtschaftlichen Betriebs oder Grundstücks von dem Fideikommißgericht dem Besitzer entzogen ist und unter Aufsicht des Fideikommißgerichts von einem Verwalter, Sequester oder Pfleger geführt wird.

§ 4

(1) Soweit Anordnungen auf Grund dieser Verordnung getroffen worden sind, können Ansprüche auf Grund des § 1134 Abs. 1 und § 1135 des Bürgerlichen Gesetzbuchs gegen den Nutzungsberechtigten nicht geltend gemacht werden; desgleichen sind gerichtliche Maßnahmen nach

§ 1052, § 1134 Abs. 2, § 1135 des Bürgerlichen Gesetzbuchs und § 25 des Zwangsversteigerungsgesetzes ausgeschlossen.

(2) Soweit Anordnungen auf Grund dieser Verordnung getroffen worden sind, sind Maßnahmen nach § 3 des preußischen Gesetzes vom 12. Juli 1933 (Preuß. Gesetzsamml. S. 252) unzulässig.

Zweiter Abschnitt

Aufforderung zu besserer Wirtschaftsführung

§ 5

Entspricht die Art und Weise der Bewirtschaftung eines landwirtschaftlichen Betriebs oder Grundstücks durch den Nutzungsberechtigten anhaltend und in erheblichem Maße nicht den Anforderungen, die zur Sicherung der Volksernährung an die Bewirtschaftung landwirtschaftlicher Betriebe und Grundstücke gestellt werden müssen, so kann das Amtsgericht auf Antrag des Kreisbauernführers den Nutzungsberechtigten zu einer den vorgenannten Anforderungen entsprechenden Wirtschaftsführung auffordern. Der Nutzungsberechtigte ist vorher zu hören.

§ 6

(1) Die Aufforderung kann schriftlich oder mündlich geschehen. Über eine mündliche Aufforderung ist eine Niederschrift aufzunehmen.

(2) Im Zusammenhang mit der Aufforderung ist der Nutzungsberechtigte über die hauptsächlichen Beanstandungen zu unterrichten, über die möglichen Wege zur Behebung der gerügten Mängel zu belehren und auf die Vorschrift des § 29 hinzuweisen. Zur Behebung der Mängel ist ihm eine angemessene Frist zu setzen.

Dritter Abschnitt

Wirtschaftsüberwachung

§ 7

(1) Sind die in den §§ 5 und 6 aufgeführten Maßnahmen zur Sicherung einer besseren Wirtschaftsführung nicht ausreichend oder nicht zweckmäßig, so kann das Amtsgericht auf Antrag des Landesbauernführers und nach Anhörung des Nutzungsberechtigten anordnen, daß die Bewirtschaftung des Betriebs oder Grundstücks durch einen Vertrauensmann überwacht wird.

(2) In dem Anordnungsbeschluß ist eine vom Landesbauernführer vorzuschlagende Person zum Vertrauensmann zu bestellen und die Dauer der Wirtschaftsüberwachung zu bestimmen. Diese kann nötigenfalls verlängert werden, darf aber insgesamt vier Jahre nicht übersteigen.

(3) Der Beschluß wird mit der Zustellung an den Nutzungsberechtigten wirksam. Dasselbe gilt für den Verlängerungsbeschluß.

§ 8

(1) Der Vertrauensmann hat durch Beratung und Belehrung auf eine bessere Wirtschaftsführung des Nutzungsberechtigten mit dem Ziel einer möglichst hohen Erzeugungsleistung hinzuwirken.

(2) Nimmt der Nutzungsberechtigte Maßnahmen, die zur Wirtschaftsführung notwendig sind, trotz Aufforderung des Vertrauensmanns nicht vor, so kann das Amtsgericht den Vertrauensmann auf seinen Antrag ermächtigen, einzelne näher zu bezeichnende Maßnahmen dieser Art auf Kosten des Nutzungsberechtigten selbst vorzunehmen oder vornehmen zu lassen. Der Nutzungsberechtigte hat erforderlichenfalls einen angemessenen Vorschuß zu leisten.

(3) Der Vertrauensmann und die von ihm bei der Überwachung etwa zugezogenen Personen sind zur Verschwiegenheit über alle auf Grund der Überwachungstätigkeit zu ihrer Kenntnis kommenden persönlichen und wirtschaftlichen Angelegenheiten des Nutzungsberechtigten verpflichtet.

(4) Der Vertrauensmann hat dem Amtsgericht und dem Landesbauernführer über seine Tätigkeit und seine Beobachtungen Bericht zu erstatten.

(5) Der Vertrauensmann erhält für seine Tätigkeit keine Vergütung. Der Nutzungsberechtigte hat ihm jedoch auf Verlangen die angemessenen baren Auslagen zu erstatten. Vereinbarungen des Vertrauensmanns und des Nutzungsberechtigten über die Höhe der Auslagen oder über Zahlung einer Vergütung sind nichtig.

(6) In den Fällen der Absätze 2 und 5 setzt das Amtsgericht auf Antrag des Vertrauensmanns oder des Landesbauernführers nach Anhörung des Nutzungsberechtigten die von diesem zu erstattenden oder vorzuschießenden Beträge fest.

§ 9

Der Nutzungsberechtigte hat dem Vertrauensmann das Betreten des Hofes, der Grundstücke und der Wirtschaftsräume zu gestatten. Der Nutzungsberechtigte und die bei ihm beschäftigten Personen sind verpflichtet, dem Vertrauensmann über alle mit der Wirtschaftsführung zusammenhängenden Fragen Auskunft zu erteilen sowie die dazugehörigen schriftlichen Unterlagen vorzulegen.

§ 10

Das Amtsgericht kann den Vertrauensmann entlassen, wenn er sich als ungeeignet erweist oder sonstige wichtige Gründe hierfür vorliegen. Das Amtsgericht soll ihn entlassen, wenn der Landesbauernführer die Entlassung beantragt. Vor der Entscheidung soll das Amtsgericht den Vertrauensmann und, soweit nötig, auch den Landesbauernführer hören. Das Amtsgericht ersetzt den Abberufenen durch einen vom Landesbauernführer vorzuschlagenden anderen Vertrauensmann.

§ 11

(1) Die Wirtschaftsüberwachung endigt, wenn sie nicht verlängert wird, mit dem Ablauf der im Anordnungsbeschluß festgesetzten Zeit.

(2) Sie endigt ferner

1. mit der Anordnung einer Maßnahme nach § 12, § 22 oder § 25,
2. mit der Eröffnung des Konkurs- oder Vergleichsverfahrens über das Vermögen des — bei einer Mehrheit von Nutzungsberechtigten eines — Nutzungsberechtigten und mit der Anordnung der Zwangsverwaltung oder einer gerichtlichen Verwaltung nach § 94 des Zwangsversteigerungsgesetzes; den Eintritt eines solchen Umstandes hat der Nutzungsberechtigte dem Amtsgericht umgehend mitzuteilen.

(3) Die Wirtschaftsüberwachung ist aufzuheben, wenn ihr Grund wegfällt. Vor der Aufhebung ist der Landesbauernführer zu hören.

Vierter Abschnitt

Treuhänderische Verwaltung

§ 12

(1) Sind die in den §§ 5—11 aufgeführten Maßnahmen zur Sicherung einer besseren Wirtschaftsführung nicht ausreichend oder nicht zweckmäßig, so kann das Amtsgericht auf Antrag des Landesbauernführers und nach Anhörung des Nutzungsberechtigten anordnen, daß ein Treuhänder die Verwaltung des Betriebs oder Grundstücks übernimmt. Bei einem Betrieb kann die Anordnung auf einen Teil des Betriebs beschränkt werden.

(2) In dem Beschluß ist eine vom Landesbauernführer vorzuschlagende Person zum Treuhänder zu bestellen und die Dauer der treuhänderischen Verwaltung zu bestimmen. Diese kann nötigenfalls verlängert werden, darf aber insgesamt vier Jahre nicht übersteigen.

(3) Der Beschluß ist dem Nutzungsberechtigten unter Belehrung über die sich für ihn daraus ergebenden Folgen zuzustellen; er wird mit der Zustellung an den Nutzungsberechtigten wirksam. Die Anordnung der treuhänderischen Verwaltung ist auf Kosten des Nutzungsberechtigten in dem für die amtlichen Bekanntmachungen des Amtsgerichts bestimmten Amtsblatt, dem amtlichen Blatt der Landesbauernschaft und in einer örtlichen Tageszeitung bekanntzumachen.

(4) Ist der Nutzungsberechtigte als Eigentümer im Grundbuch eingetragen, so ist das Grundbuchamt zu ersuchen, die Anordnung der treuhänderischen Verwaltung im Grundbuch zu vermerken.

§ 13

(1) Mit der Anordnung der treuhänderischen Verwaltung verliert der Nutzungsberechtigte die Befugnis, den Betrieb oder das Grundstück zu verwalten und über die dazugehörenden Gegenstände zu verfügen. Er kann nicht mehr über die Nutzungen des Betriebs oder Grundstücks ver-

fügen, und zwar auch nicht über die bei Anordnung der treuhänderischen Verwaltung vorhandenen Erzeugnisse des Betriebs oder Grundstücks und über die aus der Veräußerung dieser Erzeugnisse ausstehenden Forderungen.

(2) Eine Verfügung des Nutzungsberechtigten, die mit den Vorschriften des Absatzes 1 in Widerspruch steht, ist dem Treuhänder gegenüber unwirksam.

(3) Hat der Nutzungsberechtigte eines Betriebs nach dem Zeitpunkt, in welchem der nach § 12 vorgesehene Antrag des Landesbauernführers beim Amtsgericht eingegangen ist, Grundstücke, die zu dem Betrieb gehören, vermietet oder verpachtet, so ist der Miet- oder Pachtvertrag dem Treuhänder gegenüber nur wirksam, wenn dieser den Vertrag genehmigt.

(4) Hat der Nutzungsberechtigte vor Anordnung der treuhänderischen Verwaltung über Ansprüche auf wiederkehrende Leistungen verfügt, so sind die Verfügungen nur insoweit wirksam, als Vorausverfügungen eines Schuldners über wiederkehrende Leistungen im Fall der Zwangsverwaltung eines Grundstücks wirksam wären.

(5) Ist die treuhänderische Verwaltung auf einen Teil des Betriebs beschränkt worden, so erstrecken sich die Wirkungen der Anordnung der treuhänderischen Verwaltung nur auf diesen Teil.

§ 14

Der Nutzungsberechtigte hat dem Treuhänder den Betrieb oder das Grundstück sowie die zur Verwaltung erforderlichen Gegenstände zu übergeben. Kommt er dieser Verpflichtung nicht nach, so hat das Amtsgericht durch einen Gerichtsvollzieher oder durch einen sonstigen Beamten dem Treuhänder den Besitz zu verschaffen. Über die Übergabe hat der Treuhänder, über die Besitzverschaffung der damit betraute Beamte eine Niederschrift mit einem Verzeichnis der übernommenen beweglichen Sachen aufzunehmen, die von allen Beteiligten zu unterzeichnen ist. Der Treuhänder oder der mit der Besitzverschaffung betraute Beamte hat die aufgenommene Niederschrift dem Amtsgericht zu übergeben.

§ 15

(1) Der Treuhänder verwaltet den Betrieb oder das Grundstück für Rechnung des Nutzungsberechtigten. Er hat das Recht und die Pflicht, alle Handlungen vorzunehmen, die zur Sicherung einer besseren Bewirtschaftung erforderlich sind. Er kann in diesem Rahmen und innerhalb der dem Nutzungsberechtigten zustehenden Verfügungsmacht über Grundstücke und zum Betrieb oder Grundstück gehörende Gegenstände verfügen. Er bedarf jedoch der Genehmigung des Amtsgerichts zu Verfügungen über Grundstücke und Rechte an solchen, ferner zu solchen Verfügungen über zum Betrieb oder Grundstück gehörende Gegenstände, die über den üblichen Rahmen des laufenden Wirtschaftsbetriebs hinausgehen. Hat das Amtsgericht die Genehmigung erteilt, so gilt das Erfordernis, daß die Verfügung nur zur Sicherung einer besseren Bewirtschaftung getroffen werden darf, als erfüllt.

(2) Der Treuhänder vertritt den Nutzungsberechtigten in Rechtsstreitigkeiten über Ansprüche, die mit der Verwaltung des Betriebs oder Grundstücks zusammenhängen. § 8 Abs. 3 findet auf den Treuhänder entsprechende Anwendung.

(3) Der Treuhänder hat dem Nutzungsberechtigten die für seinen Hausstand erforderlichen Räume zu belassen. Er hat dem Nutzungsberechtigten und den von diesem zu unterhaltenden Familienangehörigen aus den Erträgnissen des Betriebs oder Grundstücks nach Maßgabe der Ertragsfähigkeit Unterhalt zu gewähren. Auf Antrag des Nutzungsberechtigten, des Treuhänders oder des Landesbauernführers hat das Amtsgericht die für den Hausstand erforderlichen Räume näher zu bestimmen und die Unterhaltsleistungen festzusetzen.

§ 16

Der Treuhänder haftet nur für Vorsatz und grobe Fahrlässigkeit.

§ 17

(1) Der Treuhänder steht unter der Aufsicht des Amtsgerichts. Dieses wird hierbei durch den Landesbauernführer unterstützt. Der Landesbauernführer kann dem Treuhänder in Angelegenheiten der landwirtschaftlichen Betriebsführung (Bestellung der Äcker, Behandlung des Viehs u. dgl.) Weisungen erteilen. Der Treuhänder hat diesen Weisungen Folge leisten zu.

(2) Der Treuhänder hat dem Amtsgericht und dem Landesbauernführer jederzeit auf Verlangen über seine Tätigkeit Auskunft zu geben. Er hat dem Amtsgericht und dem Landesbauernführer albjährlich Bericht zu erstatten.

(3) Der Treuhänder ist verpflichtet, jährlich, und zwar in der Regel nach Schluß des Wirtschaftsjahrs, sowie bei Beendigung seiner Tätigkeit Rechnung zu legen. Der Landesbauernführer prüft die Rechnung und teilt das Ergebnis der Prüfung dem Amtsgericht mit. Der Treuhänder hat den Reinertrag des Betriebs oder Grundstücks, soweit er zur Wirtschaftführung nicht benötigt wird, an den Nutzungsberechtigten abzuführen. Die Rechnung hat der Landesbauernführer dem Nutzungsberechtigten zur Kenntnis zu bringen.

§ 18

(1) Das Amtsgericht kann auf Antrag des Landesbauernführers oder von Amts wegen dem Treuhänder die Leistung einer Sicherheit auferlegen. Es kann ihn durch Verhängung von Ordnungsstrafen zur Erfüllung seiner Pflichten anhalten.

(2) Das Amtsgericht kann den Treuhänder aus wichtigem Grund, insbesondere wenn er gegen die ihm als Treuhänder obliegenden Pflichten verstößt, entlassen; es soll ihn auf eigenen Antrag oder auf Antrag des Landesbauernführers entlassen, sofern der Antrag nicht zur Unzeit gestellt wird. Vor der Entscheidung sollen der Treuhänder und der Landesbauernführer gehört werden.

§ 19

(1) Der Nutzungsberechtigte ist verpflichtet, dem Treuhänder die zur Wirtschaftsführung erforderlichen Geldmittel vorzuschießen. Kommt er einer entsprechenden Aufforderung des Treuhänders nicht nach, so kann das Amtsgericht auf Antrag des Treuhänders einen bestimmten Betrag als Vorschuß festsetzen. Das Amtsgericht kann dem Treuhänder auch Forderungen des Nutzungsberechtigten zur Einziehung überweisen; die Vorschriften der Zivilprozeßordnung über die Überweisung einer gepfändeten Geldforderung zur Einziehung finden entsprechende Anwendung. Stehen dem Nutzungsberechtigten einziehbare Forderungen oder sonstige Mittel nicht zur Verfügung, so kann der Treuhänder für den Nutzungsberechtigten die zur Wirtschaftsführung erforderlichen Geldmittel durch Darlehnsaufnahme beschaffen.

(2) Der Nutzungsberechtigte hat dem Treuhänder seine Auslagen zu erstatten und ihm eine angemessene Vergütung für seine Tätigkeit zu gewähren. Das Amtsgericht setzt die zu erstattenden Auslagen und die Vergütung fest. Vereinbarungen des Nutzungsberechtigten mit dem Treuhänder über die Höhe der Vergütung oder der Auslagen sind nichtig.

(3) Festgesetzte Beträge können aus den Erträgnissen des Betriebs oder Grundstücks vorweg bestritten werden.

§ 20

(1) Der Nutzungsberechtigte hat alle Handlungen zu unterlassen, welche die Verwaltung des Betriebs oder Grundstücks durch den Treuhänder stören oder gefährden. Gefährdet er oder ein Mitglied seines Hausstands die Verwaltung, so kann das Amtsgericht ihm, soweit er im Betrieb oder auf dem Grundstück wohnt, auf Antrag des Treuhänders die Räumung der Wohnung aufgeben oder andere geeignete Maßnahmen treffen.

(2) Der Nutzungsberechtigte ist verpflichtet, den Anweisungen des Treuhänders, die sich auf die Verwaltung des Betriebs oder Grundstücks beziehen, Folge zu leisten. § 9 findet entsprechende Anwendung. Insbesondere ist der Nutzungsberechtigte verpflichtet, wenn dies den Umständen nach angemessen erscheint, im Betrieb oder auf dem Grundstück mitzuarbeiten und in dem üblichen Umfang auch die Mitglieder seiner Familie zur Mitarbeit anzuhalten.

§ 21

(1) Die treuhänderische Verwaltung endigt, wenn sie nicht verlängert wird, mit dem Ablauf der bei ihrer Anordnung festgesetzten Zeit.

(2) Sie endigt ferner

1. mit der Anordnung einer Maßnahme nach § 7, § 22 oder § 25,
2. mit der Eröffnung des Konkurs- oder Vergleichsverfahrens über das Vermögen des — bei einer Mehrheit von Nutzungsberechtigten eines — Nutzungsberechtigten und mit der Anordnung der Zwangsverwaltung oder einer gerichtlichen Verwaltung nach § 94 des Zwangsversteigerungsgesetzes; den Eintrit eines solchen Umstandes hat der Nutzungsberechtigte dem Amtsgericht umgehend mitzuteilen.

(3) Die treuhänderische Verwaltung ist aufzuheben, wenn ihr Grund wegfällt. Vor der Aufhebung ist der Landesbauernführer zu hören.

(4) Nach Beendigung seiner Tätigkeit hat der Treuhänder dem Nutzungsberechtigten den Betrieb oder das Grundstück sowie die seiner Verwaltung unterliegenden Gegenstände zu übergeben. Über die Übergabe hat der Treuhänder eine Niederschrift mit einem Verzeichnis der übergebenen beweglichen Sachen aufzunehmen, die von allen Beteiligten zu unterzeichnen und von dem Treuhänder dem Amtsgericht zu übergeben ist.

(5) Die Beendigung der treuhänderischen Verwaltung ist auf Kosten des Nutzungsberechtigten in denselben Blättern bekanntzumachen, in denen ihre Anordnung veröffentlicht worden ist. Ist die Anordnung der treuhänderischen Verwaltung im Grundbuch vermerkt worden (§ 12 Abs. 4), so ist das Grundbuchamt um die Löschung dieses Vermerks zu ersuchen.

Fünfter Abschnitt

Anordnung pachtweiser Überlassung

§ 22

Sind die in den §§ 5 bis 21 aufgeführten Maßnahmen zur Sicherung einer besseren Wirtschaftsführung nicht ausreichend oder nicht zweckmäßig, so kann das Amtsgericht auf Antrag des Landesbauernführers und nach Anhörung des Nutzungsberechtigten anordnen, daß der Nutzungsberechtigte, soweit er nicht selbst Pächter ist, den Betrieb oder das Grundstück ganz oder zum Teil zum Zweck landwirtschaftlicher Nutzung für eine bestimmte Zeit pachtweise einer in der Landwirtschaft erfahrenen Person zu überlassen hat. Die Pachtdauer kann nötigenfalls verlängert werden.

§ 23

Der Abschluß des Pachtvertrags und dessen Änderung durch die Vertragsteile bedarf der Genehmigung durch das Amtsgericht. Vor Erteilung der Genehmigung ist der Landesbauernführer zu hören. Neben der Genehmigung durch das Amtsgericht ist, unbeschadet der Vorschriften des § 35, die Zustimmung anderer Behörden auf Grund sonstiger gesetzlicher Vorschriften nicht erforderlich.

§ 24

(1) Kommt der Nutzungsberechtigte der Anordnung nach § 22 nicht innerhalb eines Monats nach Zustellung nach oder kommt zwischen ihm und dem von ihm als Pächter Vorgesehenen innerhalb dieser Frist ein Pachtvertrag nicht zustande, so benennt ihm das Amtsgericht auf Vorschlag des Landesbauernführers eine geeignete Person als Pächter. Kommt zwischen ihm und dem ihm als Pächter Benannten ein Pachtvertrag binnen zwei Wochen nach erfolgter Benennung ebenfalls nicht zustande, so setzt das Amtsgericht den Pachtvertrag fest. Der Pachtvertrag gilt als geschlossen, wenn der als Pächter Benannte nicht innerhalb einer Woche nach Zustellung der Anordnung oder, falls diese im Be-

schwerdeverfahren zu seinen Ungunsten abgeändert worden ist, nach Zustellung der Entscheidung des Beschwerdegerichts beim Amtsgericht Widerspruch erhebt. Der festgesetzte Vertragsinhalt gilt als zwischen den Vertragsteilen vereinbart.

(2) Das Amtsgericht kann den Pächter auf seinen Antrag oder auf Antrag des Landesbauernführers in den Besitz der Pachtsache einweisen.

(3) Auf Abänderungen des Pachtvertrags durch die Vertragsteile findet § 23 entsprechende Anwendung.

§ 25

Entspricht die Art und Weise der Bewirtschaftung eines landwirtschaftlichen Betriebs oder Grundstücks durch einen Pächter anhaltend und in erheblichem Maße nicht den Anforderungen, die zur Sicherung der Volksernährung an die Bewirtschaftung landwirtschaftlicher Betriebe und Grundstücke gestellt werden müssen, und sind die in den §§ 5 bis 21 aufgeführten Maßnahmen zur Sicherung einer besseren Wirtschaftsführung nicht ausreichend oder nicht zweckmäßig, so kann das Amtsgericht auf Antrag des Landesbauernführers und nach Anhörung des Verpächters und des Pächters den Inhalt des Pachtvertrags abändern oder das Pachtverhältnis mit sofortiger Wirkung oder zum Ende des Pachtjahrs auflösen und dem Verpächter gegenüber die in den §§ 22 bis 24 vorgesehenen Maßnahmen treffen. Das Amtsgericht kann hierbei bindende Anordnungen über die Abwicklung des aufgelösten Pachtverhältnisses treffen; entgegenstehende Bestimmungen des Pachtvertrags sind unwirksam. Der Inhalt der Anordnungen gilt als zwischen den Vertragsteilen vereinbart.

§ 26

Die Kündigung eines nach den §§ 22 bis 24 begründeten Pachtverhältnisses bedarf in den Fällen des § 21 Abs. 3 der Konkursordnung und des § 57a des Zwangsversteigerungsgesetzes der Genehmigung des Amtsgerichts. Diese darf nur erteilt werden, wenn der Erwerber oder Ersteher sich zur Zahlung einer angemessenen Abstandssumme an den bisherigen Pächter verpflichtet hat.

§ 27

(1) Sind landwirtschaftliche Grundstücke oder Teile von ihnen mit einer Hypothek, Grundschuld oder Rentenschuld belastet, so sind vor dem Erlaß einer Anordnung nach § 22 oder § 25 die im Grundbuch eingetragenen Gläubiger mit kurzer Frist zu einer Erklärung darüber aufzufordern, ob sie die Eröffnung des Konkurs- oder Vergleichsverfahrens oder die Anordnung der Zwangsversteigerung oder Zwangsverwaltung beantragen wollen. Erklärt ein im Grundbuch eingetragener Gläubiger, daß er ein solches Verfahren beantragen wolle, so behält es vorbehaltlich der Bestimmungen des Absatzes 2 hierbei sein Bewenden.

(2) Wird binnen einer angemessenen Frist das Konkurs- oder Vergleichsverfahren nicht eröffnet oder die Zwangsversteigerung oder die Zwangsverwaltung nicht angeordnet, so können die in den §§ 22 bis 25

vorgesehenen Anordnungen getroffen werden. Sie sind auch den im Grundbuch eingetragenen Gläubigern zuzustellen, soweit ihre Anschriften bekannt sind.

Sechster Abschnitt

Bestellung brachliegender Grundstücke

§ 28

(1) Das Amtsgericht kann den Nutzungsberechtigten eines nicht genutzten Grundstücks, das sich zu landwirtschaftlicher Nutzung eignet, auf Antrag des Landesbauernführers mit kurzer Frist zu einer Erklärung darüber auffordern, ob er das Grundstück innerhalb einer zu bestimmenden angemessenen Frist bestellen oder in anderer Weise nutzen will.

(2) Wenn der Nutzungsberechtigte erklärt, daß er das Grundstück innerhalb der bestimmten Frist weder bestellen noch in anderer Weise nutzen wolle, oder wenn er zwar erklärt, daß er das Grundstück innerhalb der bestimmten Frist bestellen oder in anderer Weise nutzen wolle, aber entgegen dieser Erklärung die Bestellung oder Nutzung nicht innerhalb der bestimmten Frist vornimmt, oder wenn er innerhalb der ihm gesetzten Frist eine Erklärung nicht abgibt, kann das Amtsgericht auf Antrag des Landesbauernführers die in den §§ 22 bis 27 aufgeführten Maßnahmen treffen.

Siebenter Abschnitt

Ordnungsstrafen

§ 29

(1) Kommt der Nutzungsberechtigte der nach § 5 an ihn gerichteten Aufforderung zu besserer Wirtschaftsführung innerhalb der ihm gesetzten Frist nicht nach, so kann das Amtsgericht ihn durch Ordnungsstrafen dazu anhalten. Dasselbe gilt, wenn der Nutzungsberechtigte den ihm nach § 8 Abs. 2, § 9 und § 20 obliegenden Verpflichtungen nicht nachkommt. Beim Nutzungsberechtigten beschäftigte Personen, die ihrer Auskunftspflicht nach § 9 nicht nachkommen, können zu deren Erfüllung durch eine Ordnungsstrafe angehalten werden.

(2) Als Ordnungsstrafen sind Geldstrafen bis zu 1000 Reichsmark und Haftstrafen bis zu sechs Wochen zulässig. Die Strafen können wiederholt werden.

(3) Auf Ordnungsstrafe kann auf Antrag des Landesbauernführers erkannt werden. Bei Nichterfüllung der im § 8 Abs. 2, § 9 und § 20 enthaltenen Verpflichtungen kann der Antrag auch von dem Vertrauensmann oder Treuhänder gestellt werden.

Achter Abschnitt

Verfahren

§ 30

(1) Örtlich zuständig im Rahmen dieser Verordnung ist derjenige Kreis- oder Landesbauernführer und dasjenige Amtsgericht, in dessen

Bezirk der Betrieb oder das Grundstück gelegen ist. Kommen bei einem landwirtschaftlichen Betrieb hiernach mehrere Bezirke in Betracht, so ist derjenige Bezirk maßgebend, in dem sich die Hofstelle befindet, von der aus der Betrieb geführt wird.

(2) Ist zweifelhaft, welcher von mehreren zu derselben Landesbauernschaft gehörigen Kreisbauernführer zuständig ist, so bestimmt der Landesbauernführer den zuständigen Kreisbauernführer. Im übrigen bestimmt bei Zweifeln über die örtliche Zuständigkeit des Kreis- oder Landesbauernführers der Reichsbauernführer den zuständigen Kreis- oder Landesbauernführer.

(3) Der Reichsminister der Justiz kann die nach dieser Verordnung dem Amtsgericht obliegenden Geschäfte für den Bezirk mehrerer Amtsgerichte einem von ihnen zuweisen.

§ 31

(1) Das Verfahren des Amtsgerichts richtet sich nach den Vorschriften des Reichsgesetzes über die Angelegenheiten der freiwilligen Gerichtsbarkeit, soweit diese Verordnung nicht etwas anderes bestimmt.

(2) Das gleiche gilt für das Beschwerdeverfahren.

§ 32

(1) Der Amtsrichter hat zur Entscheidung über

1. die Anordnung und die Aufhebung der Wirtschaftsüberwachung (§ 7, § 11 Abs. 3) und die Entlassung des Vertrauensmanns § 10),
2. die Anordnung und die Aufhebung der treuhänderischen Verwaltung (§ 12, § 21 Abs. 3), die Genehmigung von Verfügungen des Treuhänders (§ 15 Abs. 1), die Bestimmung der für den Hausstand des Nutzungsberechtigten erforderlichen Räume (§ 15 Abs. 3), die Anordnung der Räumung der Wohnung (§ 20 Abs. 1) und die Entlassung des Treuhänders (§ 18 Abs. 2),
3. die Anordnung der pachtweisen Überlassung (§ 22, § 28 Abs. 2), die Genehmigung und Festsetzung von Pachtverträgen und die Genehmigung ihrer Abänderungen (§ 23, § 24 Abs. 1 und 3, § 28 Abs. 2) sowie die Genehmigung der Kündigung eines Pachtverhältnisses (§ 26, § 28 Abs. 2),
4. die Abänderung eines Pachtvertrags und die Auflösung eines Pachtverhältnisses (§ 25, § 28 Abs. 2),
5. die Verhängung von Ordnungsstrafen in den Fällen des § 29

zwei Beisitzer aus dem Kreis der Nutzungsberechtigten oder sonstiger sachkundiger Personen heranzuziehen.

(2) Der Landesbauernführer reicht dem Oberlandesgerichtspräsidenten für den Bezirk eines jeden Amtsgerichts eine Vorschlagsliste für die Bestellung von vier Beisitzern ein.

(3) Es sind nur Personen vorzuschlagen, die sich für das Amt eines Beisitzers eignen, im Bezirk des zuständigen Amtsgerichts angesessen sind und bei denen keiner der Hinderungsgründe der §§ 32 bis 34 des Gerichtsverfassungsgesetzes vorliegt.

(4) Sind die Voraussetzungen des Absatzes 3 gegeben, so bestellt der Oberlandesgerichtspräsident die vorgeschlagenen Personen zu Beisitzern. Er kann, falls mehr Personen vorgeschlagen sind, als zu bestellen sind, unter den Vorgeschlagenen wählen. Er teilt die Liste der Beisitzer dem Amtsgericht und dem Landesbauernführer mit.

(5) Die Beisitzer werden auf die Dauer von vier Jahren bestellt.

(6) Reicht die Zahl der Beisitzer nicht aus, so können weitere bestellt werden.

§ 33

(1) Die Beisitzer sollen zu den Sitzungen nach der Reihenfolge einer Liste herangezogen werden, die der Amtsrichter aufstellt. Hierbei kann er bestimmen, daß einzelne Beisitzer nur bei Verhinderung eines anderen Beisitzers herangezogen werden.

(2) Jeder Beisitzer wird bei seiner ersten Dienstleistung auf die Dauer seines Richteramts vereidigt. Der Amtsrichter richtet an die zu Vereidigenden die Worte: „Sie schwören bei Gott, dem Allmächtigen und Allwissenden, die Pflichten eines Beisitzers getreulich zu erfüllen und Ihre Stimme nach bestem Wissen und Gewissen abzugeben." Der Beisitzer leistet den Eid, indem er die rechte Hand erhebt und die Worte spricht: „Ich schwöre es, so wahr mir Gott helfe." Ist ein Beisitzer Mitglied einer Religionsgesellschaft, für die ein Gesetz den Gebrauch gewisser Beteuerungsformeln an Stelle des Eides gestattet, so wird die Abgabe einer Erklärung unter der Beteuerungsformel dieser Religionsgesellschaft der Eidesleistung gleichgeachtet. Erklärt der Beisitzer, daß er gegen die Eidesleistung in religiöser Form Bedenken habe, so ist der Eid unter Fortlassung der religiösen Beteuerung abzunehmen.

(3) Die Beisitzer üben während der Sitzung das Richteramt in vollem Umfang und mit gleichem Stimmrecht wie der Vorsitzende aus und nehmen auch an denjenigen im Lauf einer mündlichem Verhandlung zu erlassenden Entscheidungen teil, die in keiner Beziehung zur Entscheidung stehen. Für die Beratung und Abstimmung finden die §§ 192 bis 198 des Gerichtsverfassungsgesetzes entsprechende Anwendung.

(4) Die Vorschriften der §§ 41 bis 48 der Zivilprozeßordnung über die Ausschließung und Ablehnung von Gerichtspersonen gelten hinsichtlich der Beisitzer sinngemäß. Über die Ausschließung und Ablehnung eines Beisitzers entscheidet der Amtsrichter endgültig. Ist eine Körperschaft am Verfahren beteiligt, so sind ihre Beamten oder gesetzlichen Vertreter von der Ausübung des Amts als Beisitzer ausgeschlossen; das gleiche gilt für die in der landwirtschaftlichen Verwaltung eines Großverpächters oder Großpächters in leitender Stellung tätigen Angestellten, wenn der Dienstberechtigte beteiligt ist. Hat ein Verpächter an mehrere Pächter Grundstücke verpachtet, so sind seine sämtlichen Pächter von der Ausübung des Amts als Beisitzer ausgeschlossen, wenn der Verpächter beteiligt ist.

(5) Ein zum Beisitzer bestellter Kreis- oder Landesbauernführer ist von der Ausübung des Beisitzeramts ausgeschlossen, wenn er das Verfahren durch seinen Antrag in Gang gebracht oder in der Sache Beschwerde eingelegt hat.

§ 34

(1) Die Anberaumung einer mündlichen Verhandlung steht im Ermessen des Amtsgerichts. Wird in den Fällen des § 32 Abs. 1 eine mündliche Verhandlung anberaumt, so nehmen an ihr auch die Beisitzer teil.

(2) Für die mündliche Verhandlung gelten die Vorschriften des § 136 der Zivilprozeßordnung entsprechend. Der Urkundsbeamte der Geschäftsstelle nimmt über die Verhandlung eine Niederschrift auf, die von ihm und dem Amtsrichter zu unterschreiben ist. Die Niederschrift soll Ort und Tag der Verhandlung, die Bezeichnung der anwesenden Gerichtspersonen und der Beteiligten sowie das Ergebnis der Verhandlung enthalten.

(3) In den Fällen des § 32 Abs. 1 entscheidet das Amtsgericht durch begründeten Beschluß, der die Bezeichnung des Gerichts und der Sache, die Namen der bei der Entscheidung beteiligten Gerichtsmitglieder und den Tag der Entscheidung enthält. Der mit Gründen versehene Beschluß ist vom Amtsrichter zu unterzeichnen. Ergeht die Entscheidung im Anschluß an eine mündliche Verhandlung, so ist sie, wenn die Beteiligten anwesend sind, durch den Amtsrichter zu verkünden. Die Verkündung besteht in der Verlesung der Beschlußformel; der Amtsrichter kann auch die Entscheidungsgründe verlesen oder deren wesentlichen Inhalt mitteilen.

§ 35

(1) Vor der Aufforderung zu besserer Wirtschaftsführung (§ 5), der Anordnung einer Wirtschaftsüberwachung (§ 7), der Bestellung eines Treuhänders (§ 12), der Anordnung pachtweiser Überlassung (§ 22) und der Abänderung eines Pachtvertrages oder der Auflösung eines Pachtverhältnisses (§ 25) ist die Zustimmung des Entschuldungsamts zu der beabsichtigten Maßnahme einzuholen, wenn diese einen der Betriebsüberwachung im landwirtschaftlichen Schuldenregelungsverfahren unterstehenden Betrieb oder ein zu einem solchen Betrieb gehöriges Grundstück betrifft. Von der getroffenen Maßnahme sowie von der Aufhebung einer Wirtschaftsüberwachung (§ 11 Abs. 3) und der Aufhebung der treuhänderischen Verwaltung (§ 21 Abs. 3) ist dem Entschuldungsamt Kenntnis zu geben.

(2) Betreffen die im Abs. 1 bezeichneten Maßnahmen einen im Osthilfeentschuldungsverfahren befindlichen Betrieb oder ein zu einem solchen Betrieb gehöriges Grundstück, so ist die Zustimmung des Kommissars für die Osthilfe (Landstelle) zu der beabsichtigten Maßnahme herbeizuführen. Dasselbe gilt, wenn die Maßnahmen einen Betrieb oder ein zu einem Betrieb gehöriges Grundstück betreffen, hinsichtlich dessen das Entschuldungsverfahren bereits abgeschlossen, die Gewährung von Entschuldungsmitteln aber mit der Erteilung einer die Wirtschaftsführung betreffenden Auflage verbunden worden ist.

(3) Betreffen die im Abs. 1 Satz 1 bezeichneten Maßnahmen einen der Aufsicht eines Fideikommißgerichts unterstehenden Betrieb oder ein zu einem solchen Betrieb gehöriges Grundstück, so ist die Zustimmung des Fideikommißgerichts zu der beabsichtigten Maßnahme herbeizuführen.

(4) Vor dem Erlaß von Anordnungen nach § 28, die ein zum Baugebiet oder sonst in einem gesetzlich geregelten Verfahren für andere als landwirtschaftliche Zwecke bestimmtes Grundstück betreffen, soll die Behörde gehört werden, die diese Bestimmung getroffen hat. Die Vorschriften des Zehnten Abschnitts bleiben unberührt.

(5) In den Fällen der Absätze 2 bis 4 findet Abs. 1 Satz 2 entsprechende Anwendung.

§ 36

Die Anordnungen des Amtsgerichts sind den Beteiligten und dem Landesbauernführer von Amts wegen zuzustellen.

§ 37

(1) Gegen die Anordnungen des Amtsgerichts, mit Ausnahme der Aufforderung zu besserer Wirtschaftsführung (§§ 5, 6) und zur Abgabe eine Erklärung (§ 28) sowie der Entscheidungen über die Besitzverschaffung (§ 14 Satz 2), die Raumzuweisung (§ 15 Abs. 3 Satz 3) und die Besitzeinweisung (§ 24 Abs. 2), ist die sofortige Beschwerde zulässig. Sie kann von dem Nutzungsberechtigten oder dem Landesbauernführer, in den Fällen des § 25 auch vom Verpächter, im Fall der Verhängung einer Ordnungsstrafe von demjenigen, gegen den die Strafe erkannt worden ist, eingelegt werden. Die Beschwerde ist zu begründen. Weitere Beschwerde findet nicht statt.

(2) Die Genehmigung von Verfügungen des Treuhänders (§ 15 Abs. 1), die Aufhebung der treuhänderischen Verwaltung (§ 21 Abs. 3), die Anordnung der pachtweisen Überlassung (§ 22, § 28 Abs. 2), die Festsetzung des Pachtvertrags (§ 24), die Abänderung eines Pachtvertrags und die Auflösung des Pachtverhältnisses (§ 25) werden mit der Rechtskraft des Beschlusses wirksam. In anderen Fällen hat die Beschwerde keine aufschiebende Wirkung; auf Antrag des Beschwerdeführers oder des Landesbauernführers kann jedoch das Beschwerdegericht die Vollstreckung der Anordnung aussetzen.

(3) In den Fällen des Absatzes 2 Satz 1 kann das Amtsgericht vorläufige Maßnahmen treffen.

(4) Die Beschwerdeentscheidung ist dem Beschwerdeführer und den übrigen am Verfahren Beteiligten sowie dem Landesbauernführer von Amts wegen zuzustellen.

§ 38

(1) Über die Beschwerde entscheidet die Zivilkammer des Landgerichts. Betrifft die Beschwerde einen der im § 32 Abs. 1 bezeichneten Fälle, so hat der Vorsitzende zur Entscheidung zwei Beisitzer aus dem Kreise der Nutzungsberechtigten oder sonstiger fachkundiger Personen heranzuziehen. Der Mitwirkung von Beisitzern bedarf es nicht, wenn die Beschwerde unzulässig oder nach der Überzeugung der Zivilkammer offensichtlich unbegründet ist.

(2) Die Beisitzer werden von dem Oberlandesgerichtspräsidenten auf Vorschlag des Landesbauernführers bestellt. Die Vorschriften des § 32 Abs. 2 bis 6 und des § 33 gelten sinngemäß.

§ 39

Für die Entschädigung der nichtbeamteten Beisitzer des Amts- und Landgerichts finden die Vorschriften der Verordnung über die Entschädigung der Arbeitgeber- und der Arbeitnehmerbeisitzer der Arbeitsgerichtsbehörden vom 17. Februar 1932 (Reichsgesetzbl. I S. 74) in der Fassung der Verordnung vom 23. Februar 1934 (Reichsgesetzbl. I S. 173, 258) entsprechende Anwendung. Die Beisitzer bei den Amtsgerichten erhalten die Entschädigungssätze der Arbeitsrichter, die Beisitzer bei den Landgerichten die der Landesarbeitsrichter.

§ 40

Aus gerichtlichen Entscheidungen, durch welche

1. in den Fällen des § 8 Abs. 6 und des § 19 Abs. 1 und 2 vom Nutzungsberechtigten zu erstattende oder vorzuschießende Geldbeträge festgesetzt werden,
2. im Fall des § 20 Abs. 1 dem Nutzungsberechtigten die Räumung der Wohnung aufgegeben wird oder andere Maßnahmen getroffen werden,
3. im Fall des § 24 Abs. 2 der Pächter in den Besitz der Pachtsache eingewiesen wird,
4. Ordnungsstrafen verhängt werden (§ 18 Abs. 1 Satz 2, § 29),

findet die Zwangsvollstreckung nach den Vorschriften der Zivilprozeßordnung statt, und zwar im Fall der Nr. 4 von Amts wegen.

Neunter Abschnitt

Kosten

§ 41

Für die Gebühren und Auslagen im Verfahren vor den Amts- und Landgerichten gelten die Vorschriften der Kostenordnung vom 25. November 1935 (Reichsgesetzbl. I S. 1371), soweit sich nicht aus den nachfolgenden Bestimmungen etwas anderes ergibt.

§ 42

(1) Zur Zahlung der Kosten des Verfahrens ist der Nutzungsberechtigte, gegen den sich das Verfahren richtet, verpflichtet. Das Gericht kann die Verpflichtung zur Zahlung der Kosten ganz oder teilweise auch einem anderen am Verfahren Beteiligten auferlegen. Das Gericht kann ferner bestimmen, daß die außergerichtlichen Kosten ganz oder teilweise zu erstatten sind; die Vorschriften der §§ 103 bis 107 der Zivilprozeßordnung finden entsprechende Anwendung.

(2) Wird ein Antrag oder eine Beschwerde des Landesbauernführers zurückgewiesen, so kann das Gericht von der Erhebung der Kosten ganz oder teilweise absehen. Das Gericht kann auch in sonstigen Fällen aus besonderen Gründen anordnen, daß die Kosten ganz oder teilweise nicht erhoben werden.

(3) Der Kreis- und der Landesbauernführer ist in keinem Fall zur Zahlung von Kosten verpflichtet.

§ 43

Die Kosten für das Ordnungsstrafverfahren richten sich nach den Vorschriften der Kostenordnung mit der Maßgabe, daß bei der Verhängung von Haftstrafen an Stelle des im § 110 Abs. 2 der Kostenordnung bestimmten Werts ein nach freiem Ermessen zu bestimmender Wert tritt.

§ 44

Bei Verfahren nach den §§ 22 bis 26 und § 28 bestimmt sich der Geschäftswert nach § 23 der Kostenordnung, bei den übrigen Verfahren wird er, soweit nicht ein bestimmter Geldwert feststeht, nach freiem Ermessen festgesetzt. Er darf in keinem Fall auf mehr als 3000 Reichsmark angenommen werden.

§ 45

(1) Die volle Gebühr wird erhoben für Verfahren, welche betreffen:
1. die Anordnung einer Wirtschaftsüberwachung (§ 7),
2. die Anordnung der treuhänderischen Verwaltung (§ 12),
3. die Anordnung der pachtweisen Überlassung (§ 22, § 28 Abs. 2),
4. die Abänderung eines Pachtvertrags oder Auflösung eines Pachtverhältnisses (§25, § 28 Abs. 2).

(2) Die Hälfte der vollen Gebühr wird erhoben für Verfahren, welche betreffen:
1. die Aufforderung zu besserer Wirtschaftsführung (§ 5),
2. die Aufhebung der Wirtschaftsüberwachung (§ 11 Abs. 3),
3. die Besitzverschaffung (§ 14 Satz 2),
4. die Anordnung der Räumung der Wohnung oder sonstiger Maßnahmen (§ 20 Abs. 1 Satz 2),
5. die Aufhebung der treuhänderischen Verwaltung (§ 21 Abs. 3),
6. die Festsetzung des Pachtvertrags (§ 24 Abs. 1, § 28 Abs. 2).

(3) Ein Viertel der vollen Gebühr wird erhoben für Verfahren, welche betreffen:
1. die Bestimmung von Räumen und die Festsetzung des Unterhalts (§ 15 Abs. 3 Satz 3),
2. die Festsetzung des Vorschusses (§ 19 Abs. 1 Satz 2),
3. die Überweisung einer Forderung (§ 19 Abs. 1 Satz 3),
4. die Genehmigung der Änderung eines Pachtvertrags (§ 24 Abs. 3),
5. die Genehmigung der Kündigung eines Pachtvertrags (§ 26).

§ 46

Im Beschwerderechtszug werden die gleichen Gebühren wie im ersten Rechtszug erhoben. Wird eine Beschwerde als unzulässig verworfen, so ist die Hälfte, wird eine Beschwerde zurückgenommen, so ist ein Viertel der nach § 45 anzusetzenden Gebühren zu erheben.

§ 47

(1) Gebühren und Auslagen werden erst fällig, wenn das Verfahren in dem Rechtszug beendet ist.

(2) Kostenvorschüsse werden nicht erhoben.

§ 48

(1) Über die Kosten ist zugleich mit der Entscheidung über die Hauptsache zu entscheiden. Die Anfechtung der Entscheidung über den Kostenpunkt ist unzulässig, wenn nicht gegen die Entscheidung in der Hauptsache ein Rechtsmittel eingelegt wird.

(2) Den Geschäftswert setzt das Gericht von Amts wegen fest.

§ 49

Die Entscheidungen des Landgerichts in Kostensachen sind endgültig.

§ 50

Soweit einem anderen Beteiligten als dem Nutzungsberechtigten die Kosten durch gerichtliche Entscheidung auferlegt (§ 42 Abs. 1 Satz 2) oder von ihm durch eine vor dem Gericht abgegebene oder ihm mitgeteilten Erklärung übernommen sind, soll die Haftung des Nutzungsberechtigten nur geltend gemacht werden, wenn eine Zwangsvollstreckung in das bewegliche Vermögen des anderen Beteiligten erfolglos geblieben ist oder aussichtslos erscheint.

§ 51

(1) Im Verfahren vor dem Amts- und Landgericht finden die für bürgerliche Rechtsstreitigkeiten geltenden Vorschriften der deutschen Gebührenordnung für Rechtsanwälte sinngemäß Anwendung. Volle Gebühr im Sinne jener Gebührenordnung ist die Gebühr des § 26 der Kostenordnung.

(2) Im Beschwerderechtszug tritt an die Stelle der im § 41 der deutschen Gebührenordnung für Rechtsanwälte vorgesehenen Gebühren die volle Gebühr.

(3) Die Gebühren bemessen sich nach dem für die Berechnung der Gerichtsgebühren maßgebenden Geschäftswert. Die Vorschriften des § 48 Abs. 2 und des § 49 finden entsprechende Anwendung.

§ 52

(1) Für die Gebühren und Auslagen der Zeugen und Sachverständigen gelten die Vorschriften der deutschen Gebührenordnung für Zeugen und Sachverständige sinngemäß.

(2) Für die Gebühren und Auslagen der Gerichtsvollzieher gelten die Vorschriften der deutschen Gebührenordnung für Gerichtsvollzieher sinngemäß.

Zehnter Abschnitt

Sonderbestimmungen

§ 53

(1) Bei landwirtschaftlichen Betrieben und bei Grundstücken, die im Eigentum des Reichs, eines Landes oder einer Gemeinde stehen oder von ihnen gepachtet sind oder sonstwie genutzt werden, finden die Vorschriften des Zweiten bis Neunten Abschnitts nach Maßgabe der Bestimmungen dieses Abschnitts sinngemäß Anwendung. Das gleiche gilt hinsichtlich der Nationalsozialistischen Deutschen Arbeiterpartei, ihrer

Gliederungen und angeschlossenen Verbände, der Körperschaften, Anstalten oder Stiftungen des öffentlichen Rechts, der Reichsbank, der Deutschen Reichsbahn und der Gesellschaft Reichsautobahnen.

(2) Den im Eigentum des Reichs, eines Landes oder einer Gemeinde stehenden Betrieben oder Grundstücken stehen solche gleich, die im Eigentum von Gesellschaften stehen, an denen das Reich, ein Land oder eine Gemeinde maßgebend beteiligt ist.

§ 54

Liegen bei einem landwirtschaftlichen Betrieb oder bei einem Grundstück der im § 53 genannten Art die Voraussetzungen der §§ 5 oder 28 vor, so kann der Landesbauernführer der aufsichtsführenden Behörde oder Dienststelle derjenigen Behörde oder Dienststelle, die den Betrieb oder das Grundstück verwaltet, den Sachverhalt zur Kenntnis bringen. Bei einem landwirtschaftlichen Betrieb oder einem Grundstück, das von einer Obersten Reichs- oder Landesbehörde unmittelbar verwaltet wird, tritt diese an die Stelle der aufsichtsführenden Behörde oder Dienststelle und der Reichsbauernführer an die Stelle des Landesbauernführers.

§ 55

(1) Hat die aufsichtsführende Behörde oder Dienststelle davon Kenntnis erlangt, daß bei einem ihrem Geschäftsbereich zugehörigen Betrieb oder Grundstück die Voraussetzungen des § 5 vorliegen, so hat sie für eine Wirtschaftsführung, die den im § 5 genannten Anforderungen entspricht, Sorge zu tragen. Sie kann hierzu beim Amtsgericht eine Anordnung nach den Bestimmungen der §§ 7 bis 27 beantragen.

(2) Hat die aufsichtsführende Behörde oder Dienststelle davon Kenntnis erlangt, daß bei einem ihrem Geschäftsbereich zugehörigen Betrieb oder Grundstück die Voraussetzungen des § 28 vorliegen, so hat sie für eine angemessene Nutzung des Grundstücks Sorge zu tragen, soweit nicht dienstliche Notwendigkeiten oder öffentliche Belange dem entgegenstehen. Sie kann hierzu beim Amtsgericht eine Anordnung nach § 28 Abs. 2 beantragen.

(3) Dem Landesbauernführer steht in den Fällen der Absätze 1 und 2 ein Antragsrecht nicht zu.

§ 56

Anordnungen des Amtsgerichts nach § 55 und ihre Aufhebung sind auch der antragstellenden Behörde oder Dienststelle zuzustellen. Vor Erlaß einer solchen Anordnung ist der Landesbauernführer, vor der Aufhebung auch die antragstellende Behörde oder Dienststelle zu hören.

§ 57

Beschwerdeberechtigt ist an Stelle des Landesbauernführers die aufsichtsführende Behörde oder Dienststelle.

§ 58

(1) Entstehen bei landwirtschaftlichen Betrieben und bei Grundstücken, die im Eigentum

a) des Reichs,

b) der Länder und Gemeinden,

c) der Nationalsozialistischen Deutschen Arbeiterpartei, ihrer Gliederungen und angeschlossenen Verbände,
d) einer Körperschaft, Anstalt oder Stiftung des öffentlichen Rechts,
e) einer als öffentlich-rechtliche Körperschaft anerkannten Kirche oder Kirchengemeinde,
f) der Reichsbank,
g) der Deutschen Reichsbahn,
h) der Gesellschaft Reichsautobahnen

stehen oder von ihnen gepachtet sind oder sonstwie genutzt werden, Zweifel darüber, welche Behörden oder Dienststellen als aufsichtsführende Behörden oder Dienststellen im Sinne des § 54 anzusehen sind, so entscheidet

im Fall a) der zuständige Reichsminister,
im Fall b) die Oberste Landesbehörde,
im Fall c) der Stellvertreter des Führers,
im Fall d) die staatliche Aufsichtsbehörde,
im Fall e) der Reichsminister für die kirchlichen Angelegenheiten,
im Fall f) der Präsident des Reichsbankdirektoriums,
im Fall g) der Reichsverkehrsminister und Generaldirektor der Deutschen Reichsbahn,
im Fall h) der Vorsitzende des Vorstands der Gesellschaft Reichsautobahnen.

(2) Die nach Abs. 1 zur Entscheidung berufenen Stellen können auch allgemein bestimmen, welche Behörden oder Dienststellen als aufsichtsführende Behörden oder Dienststellen im Sinne des § 54 anzusehen sind. Sie können hierbei von der allgemeinen Regelung der Aufsichtsführung abweichen. Die Anordnungen sind in dem für die amtlichen Bekanntmachungen der betreffenden Stellen bestimmten Amtsblatt bekanntzumachen.

Elfter Abschnitt

Schlußbestimmungen

§ 59

Soweit Kreis- oder Landesbauernführer vor dem Erlaß dieser Verordnung Anordnungen der in den §§ 12 bis 28 aufgeführten Art getroffen haben, sind diese dem Amtsgericht unverzüglich zur Entscheidung vorzulegen. Das Amtsgericht kann sie bestätigen, ändern oder aufheben. Zu der Entscheidung sind zwei Beisitzer aus dem Kreis der Nutzungsberechtigten oder sonstiger sachkundiger Personen heranzuziehen.

Berlin, den 22. April 1937.

Der Reichsminister für Ernährung und Landwirtschaft.
J. V.: H. Backe

Der Reichsminister der Justiz
J. V.: Dr. Schlegelberger.

Sachregister.

Kolibri 360 GmbH
Ferdinand-Jühlke-Straße 7
99095 Erfurt, Deutschland
produktsicherheit@kolibri360.de